DER AUTOR
Der Diplom-Psychologe Robert Betz zählt zu den erfolgreichsten Lebenslehrern und Seminarleitern im deutschsprachigen Raum. Auf seinen Veranstaltungen begeistert
er jährlich über 50 000 Menschen. Seine Bücher, darunter
Willst du normal sein oder glücklich?, *Raus aus den alten
Schuhen!* und *Wahre Liebe lässt frei!*, gehören zu den Bestsel-
lern der Lebenshilfe-Literatur.

www.robert-betz.com

ROBERT BETZ

WILLKOMMEN
im Reich
der FÜLLE

Wie du Erfolg, Wohlstand
und Lebensglück erschaffst

WILHELM HEYNE VERLAG
MÜNCHEN

Verlagsgruppe Random House FSC® N001967
Das für dieses Buch verwendete
FSC®-zertifizierte Papier *Holmen Book Cream*
liefert Holmen Paper, Hallstavik, Schweden.

3. Auflage
Taschenbucherstausgabe 05/2015

Die Originalausgabe erschien 2007 bei KOHA-Verlag GmbH, Burgrain
Copyright © 2015 dieser Ausgabe by Wilhelm Heyne Verlag, München,
in der Verlagsgruppe Random House GmbH
Printed in Germany 2015
Lektorat: Maryam Beck
Autorenfoto: © Brigitte Sporrer, München
Umschlaggestaltung: Guter Punkt, München
Herstellung: Helga Schörnig
Satz: Leingärtner, Nabburg
Druck und Bindung: GGP Media GmbH, Pößneck
ISBN 978-3-453-70283-7

www.heyne.de

Für Philippo,
meinen geistigen Bruder und Meister,
für seine liebevolle Begleitung

Es gibt nur einen Grund für alles Leben, nämlich dass ihr und alles, was lebt, diese Herrlichkeit in ganzer Fülle erfahrt. Alles, was ihr sonst sagt, denkt oder tut, dient diesem Zweck. Es gibt nichts anderes für eure Seele zu tun, und nichts anderes, was eure Seele tun möchte.

AUS NEALE DONALD WALSCH »GESPRÄCHE MIT GOTT BD. 1«

Inhalt

Übungs-CD zu diesem Buch:

Lieber Leser,
eine Übungs- und Meditations-CD mit dem Untertitel »Schlüsselgedanken zur Selbsterforschung« erhalten Sie über www.robert-betz.com

Auf dieser CD greift Robert Betz 36 Schlüsselgedanken des Buches auf und leitet zu Übungen und Meditationen zum Thema an. Mit ihrer Hilfe kann der Leser über einen Monat lang täglich sein persönliches Fülle-Programm erarbeiten.

Vorwort

Jedes Menschen Herz wünscht sich ein Leben in Freude, Frieden, Freiheit und Fülle, kurzum: ein glückliches Leben. Diese vier Qualitäten gehören zur Natur des Menschen, von der wir uns allerdings innerlich und äußerlich oft weit entfernt haben. Doch in dieser so bewegenden Zeit der Transformation des menschlichen Bewusstseins erinnern sich mehr und mehr Menschen wieder an den Ur-Sinn des menschlichen Lebens und an die Gesetzmäßigkeiten, denen der Mensch und seine Schöpfungen als Teil der Natur unterliegen.

Dieses Buch gibt dir, liebe Leserin, lieber Leser, Antworten auf die Frage, wie du Fülle und Erfüllung in dir und deinem Leben erschaffst, wenn du es mit offenem Herzen liest. Wenn du es nur mit dem Verstand liest, wirst du das Wichtigste in diesem Buch verpassen. Mit offenem Herzen gelesen wird es dich aber zu äußerem und innerem Wohlstand und Reichtum, Gesundheit und Lebensglück führen. Wenn du das Gelesene in dein Denken und Handeln, in deinen Umgang mit dir, dem Leben und deinen Mitmenschen integrierst, wirst du sagen können: »Ich erkenne die Geschenke des Lebens und nehme sie dankbar an. Ich fühle mich reich beschenkt und lebe ein neues Leben der Fülle und der Erfüllung.«

Warum nehme ich den Mund so voll mit diesem möglicherweise anmaßend klingenden Anspruch? Weil ich in den letzten Jahren Zigtausende von Menschen begleiten durfte, in Seminaren und Einzelsitzungen, und erlebt habe, wie diese Menschen ihr Leben in der Folge hierdurch grundlegend änderten. In meiner Begleitung konnten viele Menschen die Ursachen für ihre persönlichen Mangelzustände aufdecken und damit beginnen, Erfolg und Fülle in ihrem Leben zu erschaffen. Das wird auch dieses Buch leisten, wenn du es mit offenem Herzen und offenem Geist liest.

Du erfährst hier zum einen, was dich bisher von der Fülle und dem Glück in deinem Leben ferngehalten hat und wie du selbst auf unbewusste Weise Mangelzustände erschaffen hast. Zum anderen erhältst du eine Fülle an konkreten Hinweisen, wie du Wohlstand oder Reichtum, Lebensglück und Gesundheit, Freude und ein Leben in Leichtigkeit erschaffen kannst.

Ich empfehle dir sehr, nicht nur einmal schnell durch dieses Buch hindurchzurasen, sondern es Kapitel für Kapitel zu verdauen, d.h. den Text gut zu »kauen«, und zu erspüren, was für dich zutrifft und dich berührt. Um zu einem Leben der Fülle zu gelangen, brauchst du nicht jeden Vorschlag zu beherzigen, den ich in diesem Buch mache. Es reicht oft, nur wenige Dinge, die dich ansprechen, herauszugreifen und diese in dein Denken beziehungsweise in deinen Alltag zu integrieren. Es geht in diesem Buch darum, dich und das Leben auf eine neue Art zu betrachten. Es bietet dir zum Teil radikal neue Sichtweisen auf dich selbst und das Leben. Der Zustand unserer Welt, unseres materiellen SEINS, ist nichts anderes als der Spiegel unseres BEWUSST-SEINS – in der Praxis heißt das jedoch meist unseres Unbewusst-Seins.

Wir alle haben die Mangelzustände in unserem Leben, sowohl die persönlichen wie die globalen, selbst erschaffen durch Unbewusstheit, das heißt durch unbewusstes Denken, Sprechen und Handeln sowie durch unser trennendes, verurteilendes Denken uns selbst, dem Leben und unseren Mitmenschen gegenüber. Der Satz »Sie wissen nicht, was sie tun« steht unsichtbar über dem Leben der meisten Menschen.

Dieses Buch will zu einer bewussten Menschheit beitragen, zu Menschen, die wissen, was sie wollen und dies auch erreichen: nicht im Geiste der Konkurrenz und der Trennung, sondern im Geiste der gegenseitigen Wertschätzung und Liebe, des Friedens und in dem tiefen Wissen in uns, dass wir alle Kinder des EINEN GROSSEN SCHÖPFERS sind, der selbst die ALL-FÜLLE ist. Als seine Kinder haben wir einen Anspruch auf diese Fülle, denn unser Vater möchte, dass wir seinen ganzen Reichtum genießen und bewusst, wertschätzend und dankbar mit ihm umgehen.

Möge dieses Buch viel Segen in dein Leben bringen in Form materieller und geistiger Fülle und eines von großer Freude erfüllten Herzens. Möge dein Herz singen vor Freude an deinem einzigartigen Leben auf dieser herrlichen Mutter Erde.

Robert Betz

Einführung

Wenn du Erfolg, Gesundheit, Wohlstand und ähnliche Dinge in deinem Leben erschaffen oder mehren willst, dann musst du handlungsfähig werden, das heißt, die Fähigkeit erwerben, die Energiezustände zu verändern, die bisher dein Leben bestimmt haben. Darum lade ich dich ein, dich zunächst dem wichtigsten Grundgedanken zuzuwenden, der da heißt: »Ich war, ich bin und ich werde immer ein schöpferisches Wesen mit grenzenloser Schöpferkraft sein. Und alles, was ich heute in meinem Leben vorfinde, habe ich selbst erschaffen. Bei vielen Dingen weiß ich nicht, wie ich es tat, denn es geschah unbewusst. Aber heute bin ich bereit, meine Verantwortung als Schöpfer aller Zustände meines Lebens zu übernehmen. Ich öffne mich also dem Gedanken, dass ich niemals das Opfer von irgendwelchen Menschen oder Umständen oder Ereignissen war.«

Wer bereit ist, sich diesem Gedanken zu öffnen, der macht einen großen inneren Schritt aus dem Bewusstsein eines scheinbaren »Opfers« zu einem bewussten, machtvollen Schöpfer seiner eigenen Lebenswirklichkeit. Solange wir anderen Menschen oder den Lebensumständen die Schuld und damit die Verantwortung für unsere eigene Lebenswirklichkeit zuschieben, werden wir nicht handlungsfähig, sondern binden unsere Hände. Denn wenn – in unserem Denken – jemand anderes die Macht hatte, uns in

Mangelzustände zu zwingen, dann kann auch nur dieser uns daraus befreien. Übernehme ich jedoch selbst die Verantwortung für die eigenen Schöpfungen meines Lebens, heißt die frohe Botschaft: *Wenn ich das alles selbst erschaffen habe, dann kann ich es auch selbst verändern und Neues erschaffen.*

Wir können nicht *nicht erschaffen*. Wir erschaffen tagtäglich unser Leben und unsere Lebensumstände neu bzw. wir halten sie aufrecht. Und wodurch geschieht das? Wir erschaffen unsere eigene Welt durch unser Denken, Fühlen, Sprechen und Handeln. Dies sind unsere vier Schöpfungsinstrumente. Niemand hat uns dies im Kindesalter oder auf der Schule erzählt, nicht einmal auf der Universität wird es gelehrt. Jeden Morgen, wenn wir erwachen, beginnt es in uns zu denken und zu fühlen. Wir beginnen zu sprechen und zu handeln. All das sind Energien, die unseren Körper verlassen und hinaus in die Welt gehen, und all diese Energien sind schöpferische Kräfte. Sie erschaffen und verändern die Zustände, die sich uns zeigen – auf allen Ebenen. Das betrifft unseren Körper, unser Grundlebensgefühl, unseren materiellen Wohlstand inklusive unserem Kontostand, die Qualität unserer Partnerschaft, die Erfülltheit unserer Arbeit und die Zufriedenheit mit unseren Kindern und Freunden

Unsere gesamte Lebenswirklichkeit ist das Ergebnis unseres bisherigen Denkens, Fühlens, Sprechens und Handelns – sowohl als Einzelmensch als auch in Gemeinschaft. Ob es der Brustkrebs ist oder die Polyarthritis, ob es deine

Schulden sind oder deine Arbeitslosigkeit oder die anstrengenden Kinder oder die Tatsache, dass deine Partner dich immer wieder verlassen und enttäuschen – all das ist dein eigenes unbewusstes Werk. Es mag schmerzhaft sein, sich diesem Gedanken zu öffnen, aber es ist viel schmerzhafter, sich ihm weiterhin zu verschließen und zu leiden.

Dieses Buch führt dich in deine eigene Schöpferkraft. Es zeigt dir in praktischen Schritten und mit klaren Erläuterungen – ohne jedes »Wissenschafts«-Wischiwaschi – auf, wie du deine derzeitigen Lebensumstände verändern kannst.

Grundlegende Gedanken:

- Jeder Mensch ist von Natur ein großes, schöpferisches Wesen.
- Wir erschaffen durch unser Denken, Fühlen, Sprechen und Handeln.
- Du kannst nicht *nicht erschaffen*. Du hast nur die Wahl zwischen unbewusstem und bewusstem Erschaffen.
- Sich als Schöpfer seiner eigenen Lebenswirklichkeit zu erkennen heißt, Verantwortung für die eigenen Schöpfungen zu übernehmen.
- Wer Verantwortung für sein Leben übernimmt, hört auf, Opfer zu sein und andere für das eigene Schicksal verantwortlich zu machen.
- Verantwortung zu übernehmen heißt, handlungsfähig zu werden und von einem ohnmächtigen Menschen zu einem machtvollen Schöpfer zu werden.

1

Unseren täglichen Mangel
gib uns heute ...

Das Leben der allermeisten Menschen in der westlichen Welt, des »Normal-Menschen«, ist ein Leben im Mangel. Das ist erstaunlich, da wir hier seit dem Ende des Zweiten Weltkrieges, also seit nunmehr 70 Jahren, in der materiellen Fülle leben. Unsere Wohnungen und Keller sind oft zu klein, um die vielen angenehmen Lebenshilfen und Güter zu fassen, die unser Leben erleichtern sollen. Doch diese materielle Fülle hat uns nicht glücklicher gemacht.

Wir erleben Mangel im Bereich körperlicher Gesundheit. Unser Milliarden verschlingendes Gesundheitswesen hat uns nicht gesünder gemacht und sollte besser in »Krankheitswesen« umgetauft werden. Die meisten, die von diesem System wirtschaftlich profitieren, haben ein erkennbares Interesse daran, dass möglichst viele Menschen krank werden. Diese Kundschaft, die »Patienten«, kann man dann durch den Einsatz von Technik, Medikamenten und Personal wieder reparieren – bis zum nächsten Mal.

Wir erleben Mangel im Bereich emotionaler Gesundheit, das heißt, dass die meisten Menschen bis oben hin voll sind mit verdrängten Emotionen, an deren oberster Stelle die Ängste stehen. Hiermit verbunden sind Trauer, Wut, Ohnmacht, Schuld- und Schamgefühle, Einsamkeit, Neid und Eifersucht und einige andere. Die Menschheit kann zwar bereits zum Mars fliegen, aber wie man Ängste verwandelt und wie man mit seinen Nachbarn Frieden schließt, das ist vielen ein Rätsel.

Die meisten Menschen erleben großen Mangel, was ihre zwischenmenschlichen Beziehungen angeht. In den Ehen und Partnerschaften stehen sich oft verletzte, nach Liebe hungernde Kinder gegenüber, die nichts Besseres zu tun haben, als sich gegenseitig das Leben schwer zu machen. Immer weniger Menschen haben einen Kreis von Freunden, in dem sie sich angenommen, geborgen und verstanden fühlen und in dem sie sich vertrauensvoll öffnen können. Und die Herkunftsfamilien sind vielfach geprägt durch Streit und Verstrickung und feindselige Abgrenzung.

Immer weniger Menschen können sagen, dass ihre Arbeit sie mit großer Freude erfüllt oder dass sie diese mit großer Liebe verrichten. Arbeit hat für die meisten Menschen in den letzten Jahrzehnten einen schlechten Klang erhalten. Wir leben auf die ersehnte Freizeit hin und erleben Arbeit als notwendiges Übel zur Finanzierung von materiellem Wohlstand und Freizeit.

Trotz ständig verringerter Arbeitszeiten der in Firmen angestellten Menschen scheinen die meisten Menschen immer weniger Zeit zu haben. Sie hasten und hetzen durch ihr

Leben und beten ständig ihr stärkstes Mantra vor sich hin, das da heißt: »Ich habe keine Zeit, ich muss mich beeilen.« Aber um im Schnitt über drei Stunden täglich vor der Glotze zu sitzen – dazu ist beim Normal-Menschen dann plötzlich wieder genug Zeit vorhanden.

Und nicht zuletzt scheint es immer mehr Menschen zu geben mit einem chronischen Mangel an Geld. Und dies betrifft nicht nur Arbeitslose bzw. Hartz-IV-Empfänger. Viele »Normal-Verdiener« haben sich an das Schuldenmachen und an ein Leben auf Pump gewöhnt.

Die Menschen scheinen allmorgendlich ihr Morgengebet zu beten, das heißen könnte: »*Unseren täglichen Mangel gib uns heute!*« So merkwürdig dies klingen mag, aber dies geschieht – auf unbewusste Weise – tatsächlich. Der Normal-Mensch wacht morgens auf und beginnt, wie gestern und vorgestern und sein ganzes Leben bereits, Gedanken des Mangels zu denken. Der Grundgedanke dieses Mangel-Denkens lautet: »*Ich habe nicht genug.*« Wer so etwas denkt und glaubt, der produziert seinen täglichen Mangel – in seinem Inneren und als Folge davon dann auch im Außen.

Ganz gleich, um welchen Mangel es sich handelt – ob um deine Krankheit oder deine Schulden, dein Beziehungsdrama oder deine Unzufriedenheit im Beruf – diesen Mangel haben wir uns selbst zuzuschreiben. Die Mangelzustände in deinem Leben sind nicht vom Himmel gefallen, sondern du selbst hast sie erschaffen und erschaffst sie tagtäglich weiter. Das klingt hart und unangenehm für unser Ego, aber jeder kann dieser Wahrheit auf die Spur kommen, wenn ..., ja, wenn er bereit ist, sich diesem Gedanken zu öffnen: »*Ich war, ich bin und ich werde immer ein schöpferisches Wesen sein, das seine Lebenswirklichkeit allein und gemeinsam mit anderen erschafft.*«

Wer erkennen will, auf welche Weise er zum Beispiel seine Schulden, seine Krankheit oder sein Beziehungsdrama erschaffen hat, der kann dies mithilfe dieses oder anderer Bücher tun. Wir Menschen sind wahre Wunderwesen mit großartigen schöpferischen Fähigkeiten – unabhängig von jeder Schulbildung –, aber nur wenige glauben dies bisher. Von Natur aus ist uns die Fähigkeit geschenkt, zu erschaffen – und wir tun dies auch ständig. Wir Menschen können eines nicht: Wir können nicht *nicht erschaffen*. Wir erschaffen jedoch nicht, wie die meisten Menschen denken, in erster Linie durch unsere Arbeit und durch unsere vielen Anstrengungen. Denn die meisten Menschen haben in ihrem Leben sehr viel gearbeitet, sind aber dennoch weder reich noch gesund noch glücklich. Also kann das Arbeiten nicht der wichtigste Faktor im Erschaffen von Fülle sein.

Wir erschaffen die Zustände unseres Lebens vor allem durch das, was in uns vor sich geht: in unseren Gedanken und Gefühlen. Alles, was du heute in deinem Leben und auch in deinem Körper vorfindest, sei es der Brustkrebs oder die Schulden, das Fremdgehen deines Partners oder das auffällige Verhalten deines Kindes – all das hat ursächlich mit all den Gedanken und Gefühlen zu tun, die du täglich in die Welt hinausschickst.

Wenn du morgens die Augen aufmachst, dann beginnt »es« in dir zu denken. Achte morgen früh einmal darauf: Ohne dass du einen Knopf gedrückt hast, beginnt in deinem Kopf jemand zu denken – nennen wir ihn deinen Denker. Dieser Denker produziert schon ganz automatisch Gedanken, wie z. B. »Ich muss aufstehen!«, »Ich muss mich beeilen!«, »Wäre schön, ich könnte noch liegen bleiben«, »Im Bett ist es schöner als draußen« usw.

Diese Gedanken sind feinstoffliche Energien, die du ausstrahlst und um dich herum verbreitest. Oder um ein Bild zu nehmen: Du sprühst dich schon gleich nach dem Aufwachen mit einem Eau de Toilette ein, das heißen könnte »Stress« oder »Druck« oder »Pressure« oder auch »Problemo«. Da du ähnliche Gedanken auch beim Frühstück denkst (wenn es nicht wegen Zeitknappheit ausfällt) und dann auch im Auto und später am Arbeitsplatz, umgibt dich dieses stressvolle Parfum den ganzen lieben langen Tag.

Das heißt, deine grundlegenden Gedanken sind geprägt von Druck, Anstrengung und Mangel. Wenn du bedenkst, dass wir zwischen 50 000 und 80 000 Gedanken pro Tag produzieren – also in die Atmosphäre hinausschicken –, dann kannst du dir ausmalen, wie diese Gedankenwolke um dich herum wohl aussieht, denn du nährst sie beständig weiter. Der Normal-Mensch hat sich an diese Mangel-Gedanken gewöhnt; er denkt ähnlich wie die meisten anderen Menschen auch und findet das ganz normal. Und darum erscheint ihm seine normale Umgebung als eine Welt, in der es nicht besonders viele wirklich glückliche Menschen gibt, die sich jeden Tag ihres Lebens erfreuen, ihren Wohlstand gemeinsam genießen und lachend durch ihr Leben tanzen. Wir erschaffen uns jeden Tag aufs Neue eine Welt voller Druck, Stress, Mühsal, Unzufriedenheit, Unglück und Mangel. Natürlich tut dies kein Mensch bewusst, sondern es geschieht ohne Bewusstheit, das heißt unbewusst. Darum heißt die eigentliche Ursache unserer Mangelzustände: *Unbewusstheit.*

Wir erschaffen unsere Lebenswirklichkeit durch unbewusstes Denken, Sprechen und Handeln. Und wie wir denken, so fühlen wir. Aus Gedanken entstehen Gefühle. Denkt es in mir: »Ich habe nicht genug …«, so entsteht ein Gefühl von Unzufriedenheit und Mangel. Denkt es in mir jedoch: »Danke für die vielen Geschenke dieses Tages«, so entsteht in mir das Gefühl von Dankbarkeit und Fülle.

Wenn du also für die weiteren Jahre deines Lebens Wohlstand oder Reichtum, Glück und Zufriedenheit, Glück und Erfülltheit, Gesundheit sowie wunderbare Freundschaften und Beziehungen erschaffen willst, dann fang an, dich liebevoll um deine Gedanken, deine Gefühle, deine Worte und deine Handlungen zu kümmern und diese Tag für Tag immer bewusster in die Welt zu schicken. Was du in die Welt hinausstrahlst, das kehrt zu dir zurück und das ziehst du an. Fasse den Entschluss, dich von einem bisher weitgehend unbewussten Schöpfer deines Lebens zu einem bewussten Gestalter deiner Lebenswirklichkeit zu werden. Du magst dabei noch einer Minderheit von Menschen angehören, aber Tausende begreifen derzeit, wie das Leben funktioniert. Sie wenden die Energiegesetze, die dieses Buch in verständlicher Form vermittelt, in ihrem täglichen Leben bewusster und bewusster an. *Willkommen im Reich der Fülle!*

GRUNDLEGENDE GEDANKEN:

- Jeder Mensch ist Schöpfer seiner Lebenswirklichkeit.
- Wir erschaffen durch unsere Gedanken, Worte und Handlungen.
- Mangelzustände im Außen entstehen durch unbewusstes Denken, Sprechen und Handeln.
- Wir können nicht *nicht erschaffen*; wir können nur entweder bewusst oder unbewusst erschaffen.
- Was wir mit Gedanken und Gefühlen ausstrahlen, das kehrt zu uns zurück – als erlebte Wirklichkeit in Form von Ereignissen und Zuständen.

2

Unser natürlicher Zustand ist Reichtum und Überfluss

Jede Form von Mangel, den wir hier auf der Erde erleben, ist vollkommen unnatürlich. Denn die Natur bedeutet nur Reichtum und Überfluss. Jeder Wald, jede Wiese, das Meer oder der Sternenhimmel schwelgen im Luxus, das heißt, sie bergen unendlichen Reichtum und größte Vielfalt – außer dort, wo der Mensch verzerrend und zerstörend eingegriffen hat. Aber selbst dort, wo er dies getan hat, regeneriert sich im Laufe der Zeit wieder die überbordende Fülle des Lebens. Und dieser Reichtum ist auch unsere, des Menschen wahre Natur.

Jeder von uns ist – von Haus aus – ein grenzenloses, herrliches Wesen, ausgestattet mit Schätzen und Fähigkeiten, von denen unser Verstand keine Ahnung hat. Jeder von uns besitzt eine grenzenlose Kraft, Neues zu erschaffen, und zugleich eine unendliche Fähigkeit zu lieben. Beides verleiht uns eine Macht, die vielen Menschen Angst macht; darum wollen sie davon oft nichts wissen. Unsere größte Angst ist nicht die Angst, zu versagen, sondern zu entdecken, dass wir etwas völlig anderes sind, als wir bisher glaubten. Jeder von uns ist – ausnahmslos – ein Kind, eine Schöpfung Gottes, ausgestattet mit dessen grenzenloser

Schöpferkraft. Wir haben vom Leben die Freiheit und die Macht erhalten, zu erschaffen, was unser Herz zu erschaffen begehrt und ersehnt. »Macht euch die Erde untertan« bedeutet: »Erkennt, was in euch steckt, erkennt, welche Fähigkeiten ihr habt, erkennt und anerkennt die Gesetze, nach denen ich Gott – die All-Energie – fließe und mich bewege. Also sollt auch ihr diese Schöpferkraft anwenden – bewusst und in Liebe.« Und die Menschheit hat diese Schöpferkraft angewendet, manchmal bewusst, doch meist unbewusst, manchmal in Liebe, doch meist ohne Liebe. Der Zustand der Erde und der Zustand der Menschheit sind Spiegelbilder und Produkte unseres bisherigen Erschaffens, und folglich spiegeln sie zugleich das Bewusstsein der Menschheit wider.

In gleicher Weise spiegelt der Zustand deines Lebens, deines Körpers, deines Bankkontos, deiner Wohnung, deines Autos, deiner Kinder, deiner Gefühle und deiner Beziehungen den Zustand deines Bewusstseins wider. All das zeigt nach außen an, wes Geistes Kind du bist – oder besser: bisher warst.

Gott, der das Leben ist, ruft dir zu: »SEI REICH – empfange meine Geschenke und beanspruche mein Erbe, denn mein Reich ist dein Reich.« Um jedoch dieses göttliche Erbe zu beanspruchen und zu empfangen, dürfen wir uns zunächst wieder daran erinnern, dass wir in der Tat Kinder des Lebens, Kinder Gottes sind. Diesen Glauben tun die meisten als naiven Kinderglauben oder Kirchengeschwätz ab, und niemand wird dich zwingen können, das zu glauben. Aber wenn du nicht glaubst, ein Kind Gottes zu sein, dann musst du etwas Gegenteiliges glauben, und dieser Glaube schlägt sich in deiner täglich erfahrenen Lebenswirklichkeit nieder.

Was glauben die meisten Menschen, die ich »Normal-Menschen« nenne? Sie glauben, sie seien kleine, sterbliche, sündige Wesen, die viele Fehler gemacht haben und die froh sein können, wenn sie irgendwie über die Runden kommen. Ihr höchstes Glücksgefühl besteht darin, einmal die Rente zu erreichen. Nach deinem Glauben geschehe dir – und genau so geschieht es dir auch: Unendlich viele Menschen quälen sich durch ihr Leben und sterben schließlich an gebrochenem Herzen. Dies jedoch war ihre unbewusste Wahl. Jeder Mensch hat irgendwann einmal diesen Weg des Mangels eingeschlagen und wählt ihn jeden Tag neu. Wie lange noch? So lange, bis er bereit ist, eine neue Entscheidung zu treffen. Hast du nicht langsam genug von den Mangelzuständen in deinem Leben? Oder dürfen es noch einmal zehn Jährchen sein?

Die Ursache allen Mangels im materiellen wie im geistigen Bereich – also Mangel an Freude, Glück, Freundschaft, Liebe etc. – rührt daher, wie der Mensch sich selbst betrachtet. Das, was du über dich selbst in der Tiefe deines Bewusstseins, besser Unbewusstseins, denkst, das bestimmt das Maß an Fülle und Glück in deinem Leben. Wenn du heute noch nicht über dich denkst: »Ich bin ein herrliches, wunderbares, liebenswertes und gesegnetes Wesen«, dann musst du etwas anderes über dich denken, vermutlich etwas Gegenteiliges. Du denkst herabsetzende, lieblose, kritisierende, verurteilende Gedanken über dich, und das schon ziemlich lange. Solange du das tust, kann das Leben dir nichts anderes geben. Es kann nicht anders auf dich und deine Gedanken über dich reagieren. Mach dir das vollkommen klar! Dein Denken und Fühlen über dich selbst entscheidet darüber, was du in deinem Leben an materiellen und immateriellen Werten empfängst – an Geld, Wohlstand, Lebensglück, Gesundheit usw.

Das Leben = Gott hat dich nie bestraft; ja, so etwas wie Bestrafung gibt es nicht in der Natur, nur unter uns Menschen. Das Leben hat nur auf dein Agieren re-agiert. Du hast dich in deinen Gedanken herabgesetzt, hast schon früh begonnen, dich als »nicht liebenswert«, »nicht gut genug« und Ähnliches zu betrachten – und das Leben hat dir geantwortet.

Unbewusstheit ist die eine grundlegende Ursache für allen Mangel in unserem Leben. Da wir uns selbst auf unbewusste Weise seit frühester Kindheit und Jugend hinabdenken, entwerten und als mangelhaft empfinden, haben wir Mangelzustände in unserem Leben erzeugt. Darum heißt die andere wesentliche, tiefer liegende Ursache für allen Mangel in unserem Leben: *Mangelnde Selbstanerkennung und Selbst-Wertschätzung.*

GRUNDLEGENDE GEDANKEN:

- Reichtum ist der Zustand der Natur.
- Jeder Mensch besitzt unendliche Schöpfermacht und Liebeskraft.
- Wir haben Angst davor, ein mächtiges Wesen zu sein.
- Wir beanspruchen unser göttliches Erbe nicht.
- Der Zustand deines Lebens spiegelt wider, wes Geistes Kind du bist.
- Das Leben hat dich nie bestraft – es hat nur auf dein Denken und Fühlen reagiert.
- Mangelnde Selbstanerkennung und Selbst-Wertschätzung sind die wahre Ursache allen Mangels.

3

Ich bin nicht ... genug –
Grundgedanken über uns selbst

Von Kindesbeinen an wird den meisten Menschen ein Selbst- und Menschenbild vermittelt, das so zusammengefasst werden kann:

- Du bist ein unfertiges, unvollkommenes Wesen. Du musst dich anstrengen, um besser, ganz, vollkommen zu werden.
- Du bist heute falsch, du musst richtig werden. Mach, dass was Richtiges aus dir wird.
- So, wie du heute bist, kann man dich nicht lieben. Du bist so nicht liebenswert.
- Wenn du geliebt werden willst, musst du viel dafür tun. Du musst dir Liebe durch Leistung verdienen. Erst deine Leistung bestimmt deinen Wert.
- In dir ist viel Schlechtes. Das muss bekämpft und ausgemerzt werden. Darum müssen wir dich bestrafen. Wir tun das nur zu deinem Besten.
- Du musst »es« schaffen, dann gehörst du zu uns, und wir schenken dir Lob und Anerkennung.
- Wenn du »es« nicht schaffst, solltest du dich schämen, und du gehörst nicht mehr zu uns.
- Hör auf uns, auf die anderen, auf die Gesellschaft.

Wir sagen dir, was richtig und falsch ist. Pass dich an, dann kriegst du keinen Ärger.

Wenn ein Kind oder ein Jugendlicher diese und ähnliche Botschaften täglich in direkter und oftmals auch in indirekter Form vernimmt – und noch jeder von uns hat solche Ermahnungen im Ohr –, hat es bereits in jungen Jahren keine andere Chance, als voller Abwertung über sich selbst zu denken. Ein Kind lernt von den Gedanken und dem Verhalten der Erwachsenen ihm gegenüber. Wenn ein Kind geschlagen wird, muss es denken: »Ich bin schlecht, ich habe wohl Schläge verdient. Sonst würde ich nicht geschlagen werden.« Folglich beginnt es folgende Gedanken über sich selbst zu produzieren, und diese Eigengedanken prägen Tag für Tag, Woche für Woche, Jahr für Jahr immer stärker sein Selbstbild und Lebensgefühl.

- Ich bin (noch) nicht gut genug. Ich bin nicht liebenswert, so wie ich bin.
- Ich muss mich anstrengen, um »es« zu schaffen – um geliebt zu werden.
- Ich muss hart an mir arbeiten und streng mit mir sein.
- Ich will mich selbst bestrafen, dann brauchen es die anderen nicht zu tun.
- Ich habe »es« (Liebe, Fülle, Anerkennung usw.) nicht verdient.
- An mir ist vieles falsch; ich kann mir selbst nicht trauen. Ich muss auf andre hören.

- Ich bin schuld, dass andere Arbeit mit mir haben.
- Ich bin anderen eine Last.

Das sind die grundlegenden Mangel-Gedanken, die wir gelernt haben, über uns zu denken. Und nur wenige unter uns haben diese Gedanken bewusst abgelegt und sich entschieden, anders über sich zu denken. Was ich in Kindheit und Jugend verinnerliche, das bleibt und bestimmt mein Denken auch nach 50 Jahren noch, denn Gedanken haben kein Verfallsdatum, sie kennen keine Zeit. Nur wenn ich danach geforscht und mir diese Grundgedanken bewusst gemacht habe, bin ich in der Lage, Neues über mich zu denken. Hierbei hilft nicht die »Schule positiven Denkens« à la Murphy oder Freitag. Positives Denken in diesem alten Sinn verkennt die Macht unbewusster Gedanken und dadurch erzeugter Gefühle des Unwertseins. Es ist, als ob du eine feuchte, schimmelige Wand mit frischer, neuer Farbe bestreichst und hoffst, sie würde darauf halten. Die Feuchtigkeit und der Schimmel brechen immer wieder durch – genau wie das Mangel-Bewusstsein, das wir in all den Jahren durch negative Gedanken- und Gefühlsenergie in uns erschaffen haben.

Die ungeheure Macht verinnerlichter, uns unbewusster Gedanken wird bis heute weit unterschätzt oder nur oberflächlich zur Kenntnis genommen. Die Macht, die größer ist als diese, heißt *Bewusstheit*. Mach dir mit diesem Buch bewusst, wie lieblos, abwertend, bestrafend, kritisierend und nörgelnd du bisher über dich denkst, zu dir sprichst und dich selbst behandelst. Dann erkennst du tief in deinem Inneren, warum dein bisheriges Leben so und nicht anders verlief. Das Leben kann dich nicht besser behandeln als du dich selbst. Es lässt dir den Vortritt und sagt: »Zeig mir, was du über dich denkst, und ich werde antworten. Zeig mir, welch Geistes Kind du bist, und ich werde dein Echo sein.« Wer sich also Selbstanerkennung, Selbst-Wertschätzung und Selbstliebe verweigert – ganz gleich, aus welchen Gründen –, dem muss das Leben im Außen mit Mangelzuständen aller Art antworten. Fühlst du dich von den Menschen nicht geliebt und anerkannt, so wirst du bald herausfinden können, dass du dir selbst schon viele Jahre lang Anerkennung und Liebe versagst. Auf deiner Stirn steht dann geschrieben – und alle können es lesen außer dir: »Bitte mich nicht lieben, ich tue es auch nicht!«

Grundlegende Gedanken:

- Wir haben die kritisierenden Gedanken anderer über uns zu unseren eigenen Gedanken gemacht.
- Es ist wichtig, zu erforschen, was wir tief in unserem Unbewussten über uns denken.
- Unsere Gedanken über uns selbst erschaffen unser Selbstwertgefühl.
- Fast alle Menschen haben ein liebloses Verhältnis zu sich selbst erschaffen durch herabsetzende, verurteilende Gedanken über sich.
- Das Leben kann dich nicht besser behandeln als du dich selbst.

Übungsaufgaben
(für den, der wirklich etwas verändern will)

a) Setze dich mit Papier und Stift an einen ruhigen Platz, stell den Wecker auf eine halbe Stunde ein. In dieser Zeit schreibst du alles auf, was dir an Kritik und an Negativem zu dir einfällt. Schreib spontan alles hin, was dir in den Sinn kommt. Denke nicht lange nach und erlaube dir einmal, beim Schreiben so richtig über dich selbst herzuziehen. Bring alles aufs Papier, was an dir, an deinem Wesen als Frau oder Mann, an deinen Eigenschaften und deinem bisherigen Verhalten nicht in Ordnung ist.

b) Beobachte im Alltag, wie du dich selbst behandelst: in deinen Gedanken, in deinen Selbstgesprächen, in deinem Verhalten. Wo bist du liebevoll zu dir selbst, wo lieblos? Wie gehst du mit dir um, wenn dir etwas misslingt, wenn du zu spät kommst oder wenn du etwas verlegt hast, zum Beispiel deinen Schlüsselbund? Nimm mit Achtsamkeit wahr, wie du dich selbst behandelst und durch den Tag begleitest. Wer seine Beziehung zu sich selbst verändern will, darf diese zunächst ehrlich erforschen.

4

Das Leben ist ungerecht – Grundgedanken über das Leben

Über Mangel oder Fülle in deinem Leben entscheiden deine grundlegenden Gedanken über dich selbst und über das Leben schlechthin. Wir sind randvoll mit solchen Gedanken.

Weißt du, was du über das Leben denkst? Ist es dir wirklich bewusst?

In Millionen von Menschen denkt »es« unter anderem folgende Gedanken:

- Das Leben meint es nicht gut mit mir.
- Im Leben hat man es nicht leicht.
- Das Leben ist schwer.
- Wer sich im Leben nicht anstrengt, kommt zu nichts.
- Das Leben ist nicht fair. Das Leben ist ungerecht.
- Das Leben ist etwas sehr Unsicheres.
- Das Leben steckt voller Gefahren. Man muss aufpassen, dass einem nichts passiert.
- Im Leben bekommt man nichts geschenkt. Alles hat seinen Preis.

- Das Leben ist wie eine Hühnerleiter: kurz und beschissen.
- Das Leben ist eine harte Schule.
- Das Leben ist ein Kampf.
- Das Leben ist eine Prüfung.
- Das Leben ist Karma.
- Das Leben ist ein ewiger Kreislauf mit viel Leiden.

Auch diese Gedanken übernehmen wir von denen, die sie uns vorsprechen: von den ersten Erwachsenen unseres Lebens – von Eltern, Verwandten, Kindergärtnerinnen, Lehrern. Das ganze Massenbewusstsein im Westen ist geprägt von diesem Denken, und unsere Zeitungen und Fernsehsendungen spiegeln dieses Bewusstsein wider. Es ist ein Bewusstsein des Mangels, das sich aus vielen einzelnen Gedanken zusammensetzt und von ihnen genährt wird.

Die meisten Menschen haben gelernt, dem Leben zu misstrauen. Sie betrachten es als eine schwere, gefährliche Angelegenheit, bei der man um das Überleben kämpfen muss: Nur wenige schaffen es, während die meisten auf die eine oder andere Art scheitern und auf der Strecke bleiben. Wer so über das Leben denkt, erschafft sich einen Feind, den es in Wirklichkeit nicht gibt.

Das Leben ist die ALL-Energie, die dir Gott zur Verfügung stellt. Was du daraus machst, das überlässt er dir. Diese Energie, die das Leben ist, formt sich in deinem Leben in der Art, wie du über das Leben denkst. Es ist ungeformte und ungerichtete Grundenergie, und sie bildet genau das ab, was du denkst. Wenn du denkst: »Das Leben ist schwer«, so antwortet das Leben dir: »Okay, so sei es!« Denkt es jedoch in dir: »Das Leben ist voller Wunder«, so sagt das Leben: »Okay, so sei es!« Wenn es aber gleichzeitig in dir denkt: »Ich habe im Leben viele Fehler gemacht, ich bin schuld an diesem und jenem«, dann sagt das Leben: »Okay, so sei denn ein Schuldiger mit Schulden.« Denn Schuldgefühle im Innern erzeugen Schulden im Außen.

Wenn du glaubst, das Leben sei schwer, dann kann das Leben nicht anders, als dir Schwere zu schicken: Du musst in diesem Fall weiterhin ein schweres Schicksal produzieren. Das hat nichts mit Ungerechtigkeit zu tun, sondern es ist der Fluss der Lebensenergie, die du in eine bestimmte Richtung gelenkt hast. Natürlich hast du das nicht bewusst getan. Wer macht sich schon absichtlich das Leben schwer? Aber Millionen tun es täglich – unbewusst. Wir Menschen können zwar ein 200-PS-Auto mit 200 Stundenkilometern über die Autobahn jagen oder sogar ein Flugzeug steuern, aber wie wir ein leichtes, herrliches Leben in der Fülle und im Frieden erschaffen, das haben noch nicht viele von uns gelernt. Darum müsste eigentlich auf den meisten Grabsteinen der Satz stehen: »Er wusste nicht, was er tat.« Oder: »Sie starb an Unbewusstheit.«

GRUNDLEGENDE GEDANKEN:

- Wie du über das Leben denkst, so antwortet es dir.
- Das Leben ist ungeformte, ungerichtete ALL-Energie. Deine Grundgedanken geben ihm Richtung und Form.
- Unbewusstheit ist die eigentliche Ursache für die Erschaffung von Mangelzuständen.

5

Angst, Schuld, Scham & Co –
die Mangelproduzenten

Wenn wir die Ursachen der Mangelzustände in unserem Leben – Armut, Misserfolg, Krankheit, Schulden, Einsamkeit u. a. – erkennen wollen, dürfen wir nicht bei den Gedanken stehen bleiben. Unsere Gedankenenergien erschaffen unsere Wirklichkeit nicht allein, sondern sie erzeugen zunächst in uns weitere sehr machtvolle Energien, die sogenannten Emotionen, die von den meisten als »Gefühle« bezeichnet werden.

Beispiele: Wenn ein Mensch denkt: »Ich bin allein auf der Welt«, dann erzeugt das die Emotion *Angst.* Wenn ein Mensch denkt: »Ich habe versagt«, dann erzeugt das die Emotion *Scham.* Wenn ein Mensch denkt: »Ich hätte eine bessere Mutter sein sollen«, dann erzeugt dies *Schuldgefühle.*

Andererseits erzeugt der Gedanke »Das habe ich gut gemacht« ein Gefühl der Zufriedenheit und ein gutes Selbstwertgefühl. Der Gedanke »Heute freue ich mich wieder auf viele Geschenke des Lebens« führt zu einem Gefühl der Vorfreude und Dankbarkeit. Und der Gedanke »Ich werde vom Leben gut geführt« erzeugt Vertrauen. So erzeugen alle Gedanken ein bestimmtes Gefühl, entweder ein angenehmes oder ein unangenehmes; ein neutrales Gefühl gibt es nicht.

Unsere Lebenswirklichkeit wird durch die beiden Energien Gedanke und Emotion erschaffen. *Gedanke und Emotion ist Lebenswirklichkeit* (Fülle oder Mangel). All die zigtausend Gedanken, die wir uns zu denken angewöhnt haben – über uns selbst, über das Leben und über unsere Mitmenschen –, haben sich zu Grundüberzeugungen oder Grundeinstellungen verdichtet. Diese energetische Grundhaltung strahlen wir den lieben langen Tag aus und sie findet Ausdruck in der Gesamtausstrahlung jedes Menschen. Wenn wir aufmerksam sind, können wir diese Grundhaltung bei einem Gegenüber innerhalb von Sekunden wahrnehmen und »lesen«. *Was wir grundlegend denken und fühlen, das strahlen wir ständig aus – das können wir nicht verstecken.* Schon an der Körperhaltung und am Gesicht eines Menschen können wir ablesen, wen wir hier vor uns haben, das heißt, ob es sich hier um einen Mensch der Fülle oder des Mangels handelt.

Welche Grundenergie strahlst du selbst in die Welt hinaus? Würde man deine Grundenergie in Worte übersetzen, hieße sie dann: »Ich liebe das Leben und ich weiß, dass das Leben mich liebt. Voller Vertrauen gehe ich durch die Welt!«? Wenn dir solche Sätze noch fremd erscheinen, dann ist die Wahrscheinlichkeit hoch, dass sich einzelne Bereiche deines Lebens noch im Zustand des Mangels befinden und du von diesem oder jenem noch »nicht genug« hast.

Sofort nach dem Aufwachen beginnen wir mit dem Ausstrahlen unserer Energien hinaus in die Welt; »es« beginnt sofort in uns zu denken und zu fühlen. Die wenigsten Menschen achten auf die Gedanken, die ihr »Denker« in ihnen produziert und die häufig anfangen mit »Ich muss«, »Ich sollte«, »Ich darf nicht«, »Ich habe nicht genug«, »Ich kann nicht«, »Ich brauche« usw. Sätze, die so anfangen, erschaffen Mangel-Gefühle, und beide zusammen – Mangelgedanken und Mangel-Gefühle – erschaffen dann in unserem Leben ganz konkrete Mangelzustände wie Geldmangel, Schulden, Krankheiten, Verlassenheit und Einsamkeit, Frustration, Depression, Perspektivlosigkeit, Verwirrung, äußere Unordnung und Chaos u. a.

Ein weiteres Beispiel: In den meisten Menschen denkt es Gedanken wie »Ich hätte besser sein müssen …«, »Ich hätte nicht so viele Fehler machen sollen …«, »Ich sollte eigentlich schon weiter sein …«, »Ich bin nicht diszipliniert genug …« usw. All diese Gedanken führen logischerweise zu einem Grundlebensgefühl, das von Unzulänglichkeit, Minderwertigkeit, Kleinheit, Scham und Schuld geprägt ist, kurzum zu dem Bewusstsein eines Versagers. Die Mehrzahl der Menschen in der westlichen Welt fühlt sich als Versager und produziert hierdurch am laufenden Band Mangelzustände. Wenn sich jemand im Vergleich zu anderen Menschen minderwertig oder klein vorkommt, dann steht auf seiner Stirn das, was er denkt: »Ich bin minderwertig«, »Ich bin ein Versager«. Diese Botschaft geht hinaus in die Welt als Energieausdruck dieses Wesens. Wir brauchen solche Gedanken nicht mehr auszusprechen, damit sie wirksam werden. Wir strahlen sie verschlüsselt aus, und unser Leben wird genau hierauf antworten.

Das Leben – alias Gott – sagt: *Nach deinem Glauben geschehe dir.* Oder: *Was du säst, das erntest du.* Was wir als Grundbotschaft hinaussenden, muss zu uns zurückkehren. Die Energien, die wir aussenden, sind wie ein großer Bumerang. Oder anders gesagt: Das Universum wirkt wie eine riesige Kopier- oder Übersetzungsmaschine. Es übersetzt die von uns ausgestrahlte Energie in materialisierte Lebenswirklichkeit – ob in unserem Körper als Gesundheit / Krankheit, in unseren Beziehungen oder auf unserem Bankkonto.

Wenn du dir also heute deine Lebenswirklichkeit anschaust und bei deinen Mangel- oder Füllezuständen eine ehrliche Inventur machst, kannst du daran sehr gut ablesen, was du bisher tief in dir in Bezug auf die wesentlichen Fragen des Lebens gedacht und gefühlt hast. Diese drei wesentlichen Fragen lauten:

- Was denke ich über mich selbst – und wie fühle ich mich entsprechend?
- Was denke ich über meine Mitmenschen und was fühle ich folglich ihnen gegenüber?
- Was denke ich über das Leben und wie ist mein entsprechendes Grundlebensgefühl?

So wie du über dich selbst denkst und dich entsprechend fühlst, so behandeln dich die anderen Menschen und so behandelt dich auch das Leben. Wer sich selbst nicht achtet und respektiert, der wird auch von anderen missachtet und respektlos behandelt.

So wie du über deine Mitmenschen denkst, genauso kommen sie dir entgegen. Glaubst du, dass es da draußen viele Idioten gibt, dann werden sich viele dir gegenüber idiotisch verhalten. Sie können einfach nicht anders.

So wie du über das Leben denkst, so wird es sich dir zeigen. Glaubst du, das Leben sei unsicher, so wirst du nicht nur Angst und Unsicherheit in dir erzeugen, sondern du wirst Ereignisse in deinem Leben heraufbeschwören, bei denen du wieder einmal denken oder sagen wirst: »Ich habe es doch gewusst: Das Leben ist gefährlich.«

Ich lade dich ein, sehr genau zu beobachten und zu erforschen, welche Emotionen sich häufig in dir zeigen. Sind es eher Ärger und Wut oder eher Angst und Unsicherheit? Oder sind es eher Gefühle des Versagens samt Scham und Schuld, Ohnmacht und Hilflosigkeit? In einem späteren Kapitel zeige ich auf, wie du diese Emotionen wirkungsvoll verwandeln kannst – in Freude, Frieden, Freiheit und Fülle.

GRUNDLEGENDE GEDANKEN:

- Alle Gedanken erzeugen ein bestimmtes Gefühl, entweder ein angenehmes oder ein unangenehmes; ein neutrales Gefühl gibt es nicht.
- Wir erschaffen unsere Lebenswirklichkeit durch die beiden Energien Gedanke und Emotion.
- Was wir grundlegend denken und fühlen, das strahlen wir ständig aus.
- Mangel-Gedanken und Mangel-Gefühle erschaffen Mangelzustände in unserem Leben.
- Nach deinem Glauben geschieht dir; was du säst, das erntest du.

6

Du bist die wichtigste Person in deinem Leben

Die Aussage, dass du selbst die wichtigste Person in deinem Leben bist, stößt vielen noch immer unangenehm auf, denn sie haben das Gegenteil zu glauben gelernt. »Nimm dich nicht so wichtig, gib nicht so an, lass die anderen erst dran, drängle dich nicht vor ...«, klingt es so vielen noch in den Ohren. Ich lade dich herzlich ein, deine Gedanken und Gefühle zu diesem Thema sehr genau anzuschauen bzw. den Gefühlen nachzuspüren.

Warum glaubst du, nicht die allerwichtigste Person in deinem Leben zu sein? Verbindest du das mit Egoismus oder Überheblichkeit? Wer Fülle im Innen wie im Außen für sich beanspruchen will, der wird um die Neu-Beantwortung dieser Fragen nicht herumkommen, denn dein Unterbewusstsein hat sie längst für dich beantwortet. Und diese Antworten wirken in deinem Leben jeden Tag und verursachen deine Mangelzustände.

Dies ist *dein* Leben! Es wurde dir von Gott, vom Leben geschenkt. Und das Leben fordert dich auf: Mach was aus mir! Es fragt dich jeden Tag: »Was machst du heute aus deinem Leben?« Alles in deinem Leben kreist um dich selbst, um deine Gedanken, deine Gefühle, deine Erfahrungen, deine Beziehungen, dein Schöpferwerk.

In deiner Kindheit wurde dir vermutlich, wie fast allen Kindern, kaum etwas von deinem Wert vermittelt. Für mich bist du – egal wie du aussiehst oder was du bisher geleistet hast – ein kostbares Wesen mit inneren Schätzen. Die Aufgabe deines Lebens besteht darin, dich selbst als diesen kostbaren Schatz zu erkennen. Das Leben nimmt dir diese Aufgabe nicht ab. Die Reise des Menschen ist eine Reise aus der Unbewusstheit ins Reich der Bewusstheit. »Sorge zuerst für das Königreich des Himmels in dir«, sagt Jesus. Das bezieht sich darauf, was du glaubst zu sein. Du kannst dich hinab- oder hinaufdenken. Die Masse der Menschen, der »Normal-Mensch«, ist dazu erzogen worden, sich hinabzudenken, und er tut das jeden Tag aufs Neue. Dies wird jedoch dein Leben weder zu einem Leben der Fülle machen noch unseren Planeten Erde zu einem Paradies.

Kümmere dich endlich um das Wesentliche in deinem Leben, um dich selbst. Das ist deine Hausaufgabe, die dir das Leben jeden Tag stellt. Wenn du dich nicht um dich selbst kümmerst, tut es auch kein anderer. Es ist deine heilige Pflicht, das jeden Tag zu tun und immer besser, immer liebevoller mit dir selbst umzugehen.

Wer sich selbst als die wichtigste Person in seinem Leben betrachtet und sich darum aktiv kümmert, was er hier in diesem Leben sein und was er erschaffen will, der wird zum leuchtenden Vorbild für viele Mitmenschen, die noch in den alten, verstaubten, erniedrigenden Überzeugungen gefangen sind, die seit Generationen in den Kinderstuben und von den Kanzeln gepredigt werden. Menschen, die sich klein und minderwertig fühlen und ihr Leben nicht selbst in die Hand nehmen, brauchen Herrscher über sich. Sie rufen geradezu nach Menschen, die sie dominieren, manipulieren und kontrollieren. Sie sind leicht regierbar und bequem auszunutzen.

Ich lade dich ein, zum »Licht der Welt« zu werden, indem du beginnst, dich in deinem Denken und Handeln jeden Tag wichtiger zu nehmen, das heißt, dich selbst im Zentrum deines Lebens zu sehen. Dein Leben kreist nur um dich selbst, und alle Engel und all deine Ahnen stehen um dich herum, schauen dir zu und fragen sich, ob du es diesmal kapierst und aufwachst.

Den meisten von uns wurde vermittelt, uns um andere zu kümmern. Die meisten Mütter waren uns darin ein Vorbild, indem sie sich weniger um sich selbst als um andere kümmerten. Jemand, der dies tut, geht am Ende leer aus. Unsere Welt ist voller Menschen, die sich für den Partner, die Kinder oder auch für die Eltern oder die Firma aufopfern. Solche Menschen müssen am Ende leiden, denn sie bemerken nicht, wie sehr sie sich selbst im Stich lassen und ihr eigenes Glück vernachlässigen. Wer für andere ein guter Partner, eine gute Mutter, ein gutes Vorbild sein will, dem empfehle ich, sich von nun an auf sich selbst zu konzentrieren und alles für das eigene Wohlergehen zu tun. Diese Haltung nennen wir Selbst-Zentriertheit. Wer selbstzentriert lebt und dafür sorgt, dass es ihm physisch, emotional, mental und spirituell gut geht, der ist auch ein Segen für alle anderen. Diese Haltung ist also gerade das Gegenteil von Egoismus; sie ist ein Ausdruck von Liebe.

GRUNDLEGENDE GEDANKEN:

- Du bist die wichtigste Person in deinem Leben!
- Sorge zuerst für das »Königreich des Himmels« in dir.
- Menschen, die ihr Leben nicht in die Hand nehmen, werden manipuliert und ausgenutzt.
- Menschen, die sich für andere aufopfern, gehen leer aus.
- Selbst-Zentriertheit ist ein Ausdruck von Liebe.

7

Nimm deine Macht in deine Hände

Wer zum aktiven Schöpfer von Fülle werden will, der darf sich mit den Energien von Macht und Ohnmacht beschäftigen. Wenn ich meine Seminarteilnehmer frage, was sie von »Macht« halten, dann haben etwa achtzig Prozent ein negatives oder zumindest gespaltenes Verhältnis dazu. Sie denken sogleich an »Machtmissbrauch« oder Unterdrückung. Deine persönliche Einstellung zu diesem kleinen Wort *Macht* ist ein höchst aufschlussreicher Schlüssel zu deinem Leben, an dem du nicht achtlos vorbeigehen solltest. Er verdient eine aufmerksame Betrachtung.

Denn wer »Macht« als etwas Schlechtes auffasst, der will auch selbst keine Macht haben. Wer aber Macht in seinem Leben ablehnt, der trifft eine Wahl. Er wählt hierdurch das Gegenteil. Er wählt *Ohnmacht*. Wir können nicht irgendetwas dazwischen wählen. Wer keine Macht besitzen will, der definiert sich als ohnmächtiges Wesen und erschafft die Emotion »Ohnmacht« in seinem Leben. Er zieht in seinem Leben Personen und Zustände geradezu an, durch die er sich hilflos, schwach, handlungsunfähig, apathisch, gelähmt, kurzum ohnmächtig fühlt. Jeder, der von solch einer Emotion der Ohnmacht bestimmt wird, hat sich für diesen Zustand auf unbewusste Weise entschieden.

Ich lade dich ein, dich als ein sehr machtvolles Wesen zu betrachten, denn das Leben hat dich mit zwei großen Geschenken dazu gemacht. Erstens hat dir das Leben eine grenzenlose Macht gegeben, zu erschaffen, was auch immer du dir ersehnst. Zweitens hat es dir von Natur aus die größte Macht an die Hand – besser ins Herz – gegeben, die Macht der Liebe. Auch wenn dein Verstand vielleicht noch zweifeln mag: Irgendwann wirst du dich erinnern und erkennen: *Liebe* ist die größte Macht im Himmel und auf der Erde.

Schöpferkraft und Liebesfähigkeit machen dich also von Natur aus zu einem sehr starken, machtvollen Wesen. Dieses Erbe darfst du natürlich weiter verleugnen. Aber wenn du willst, kannst du dich auch daran erinnern und beginnen, diese Macht wieder in Besitz zu nehmen und anzuwenden. Hierzu ruft dich das Leben auf.

Macht ist weder gut noch schlecht. Macht *ist* einfach, es ist eine *Ist*-heit des Lebens. Dadurch, dass du sie verleugnest, ändert sich daran überhaupt nichts, nur dein Leben fühlt sich entsprechend schlecht an. Auch ein Küchenmesser ist weder gut noch schlecht. Man kann damit jemanden umbringen oder Tomaten schneiden. Das Küchenmesser kann nichts dafür, wenn man jemanden damit umbringt. Genauso wenig kann die Macht etwas dafür, wenn du oder jemand anderes sie missbraucht und damit Leid erzeugt. Du verurteilst ja auch nicht den heißen Tee dafür, dass er heiß ist, wenn du dir die Lippen an ihm verbrennst.

Du hast also die Wahl. Du kannst Macht weiter ablehnen und verleugnen oder du kannst JA zu ihr sagen und damit beginnen, bewusst und in Liebe neue Energiezustände
in deinem Leben – Frieden, Freiheit, Freude und Fülle – zu
erschaffen. Und das Ganze ist nicht schwer. Lass dir das von
niemandem einreden.

GRUNDLEGENDE GEDANKEN:

- Wer Macht verurteilt und für sich ablehnt, der wählt
  die Ohnmacht.
- Schöpferkraft und Liebesfähigkeit machen dich zu
  einem machtvollen Wesen.
- Macht ist weder gut noch schlecht. Macht *ist* einfach.
- Du hast die Wahl, deine Macht in Liebe anzuwenden oder ohne Liebe.

8

Zur Fülle durch Liebe
und Selbst-Wertschätzung

Die Kernursache mangelnden Wohlstands, mangelnder Gesundheit, mangelnder Freude etc. ist das Fehlen von Selbstanerkennung und Selbst-Wertschätzung, kurzum die nicht vorhandene Liebe zu uns selbst. Nachdem uns Menschen erzogen und auf der Schule unterrichtet haben, die sich selbst nicht liebten, haben auch wir das übernommen – nämlich uns selbst für alles Mögliche zu verurteilen – für unseren Körper, unsere Vergangenheit, unsere Ex-Beziehungen, ja für unser ganzes Wesen samt unseren Gefühlen, unserer Unstetigkeit, unseren Ängsten, unseren Süchten, unserer schlechten Laune und manches mehr. Schon bevor ein Kind in die Schule kommt, hat es sechs Jahre lang die Schule des Verurteilens durchlaufen und sie mit Bravour bestanden.

Verurteilen heißt, Nein zu etwas sagen, das doch schon da ist. Wir wollen einfach weghaben, was uns unangenehm ist, und darum sagen wir, es sei schlecht. Ob das nun der laute Nachbar oder eine Migräne ist, ob unser hyperaktives Kind oder der allzu fordernde Chef, ob der fremdgehende Partner oder die nervige Schwiegermutter, ob das Regenwetter oder der Stau auf der Autobahn: Wir begegnen allem

Unangenehmen im Außen genauso wie dem Unangenehmen in und an uns selbst mit Ablehnung. Doch alles, was sich in unserem Leben zeigt, hat seinen Sinn und wünscht sich unsere Annahme, unser Ja.

Wir haben alle – ohne Ausnahme – in vielen Jahren die Lehre der Selbstverurteilung durchlaufen und gelernt, uns in unserem Denken selbst herabzusetzen, und zwar mit Gedanken wie: »Ich muss besser werden«, »Ich bin nicht gut genug«, »Ich habe nicht verdient, geliebt zu werden«, »Ich bin nicht in Ordnung, so wie ich bin«, »Ich bin schuld, dass …«, »Mir ist peinlich, dass …«, »Wenn andere wüssten, dass ich …«, »Ich habe versagt«. Ich habe hier das Arsenal unserer Selbstablehnung noch einmal wiederholt, da ihre Überwindung von zentraler Bedeutung ist, wenn wir den Weg in die Fülle finden wollen.

Wer so denkt – und sei es auch völlig unbewusst –, der zieht den Mangel im Außen an und schickt die Fülle fort. An dessen Haustür steht deutlich: »Bitte keine Fülle bei mir abladen; so etwas habe ich nicht verdient.« Wer sich selbst und seinen eigenen Wert in seinem Innersten herabsetzt, der kann kein Leben in Freude, Frieden und Fülle erschaffen. Der mag vielleicht äußeren Erfolg oder Reichtum erlangen, aber an diesem wird er sich nicht erfreuen können, da er sich an sich selbst nicht erfreuen kann.

Wenn du zu Wohlstand und Erfolg, zur Fülle im Innen wie im Außen gelangen willst, dann erforsche sehr liebevoll und sorgfältig, wo es dir bisher an der Liebe zu dir selbst fehlt. Hierzu mögen dir folgende Fragen dienen:

- Wie behandle ich mich selbst im Alltag in meinem Denken und in meinen Selbstgesprächen?
- Was an mir (meinem Körper, meinem Verhalten, meinen Gefühlen) kann ich bisher nicht annehmen oder gar lieben?
- Welche sogenannten Misserfolge in meinem Leben (Schule / Beruf, Beziehungen, Kinder) werfe ich mir insgeheim immer noch vor?
- Was denke ich wirklich tief in mir über mich als Frau oder als Mann?

Wenn du dir diese vier Fragen vornimmst und alles aufschreibst, was dir spontan als Antwort einfällt, wirst du viel über den Ist-Zustand deiner Selbstliebe bzw. Selbstverurteilung erfahren. Nimm dir dafür mindestens 30 Minuten Zeit. Wer den Mut hat und sich aufrafft, seine gewohnten Denk- und Gefühlsmuster schriftlich zu erfassen, weiß genau, welche seiner ungeliebten Seiten darauf warten, angenommen und geliebt zu werden.

Die Liebe ist der zentrale und mit Abstand wichtigste Faktor auf dem Weg zu Fülle und Erfülltheit. Warum? Weil die Liebe die einzig verwandelnde Kraft ist, die dir hilft, eine wirkliche innere Umkehr vom Weg des Mangels zum Weg der Fülle zu schaffen. Darum ist in diesem Buch viel von der Liebe die Rede.

Wenn du nicht lernst, dich selbst anzunehmen, wertzuschätzen und zu lieben, wirst du auch die Liebe der Menschen um dich herum nicht erkennen und annehmen können. Wenn du die Botschaft aussendest »Ich liebe mich nicht!«, dann forderst du damit auch die anderen und das Leben auf, dich nicht mit Liebe und Geschenken zu beglücken. Auf deiner Stirn steht dann: »Ich bin nicht liebenswert! Und darum habe ich es nicht verdient!«

Ich lade dich ein, dein Herz für dich selbst zu öffnen und zu erkennen, dass du – wie alle anderen auch – ein unendlich geliebtes und unendlich liebenswertes Wesen bist, das es wert ist, vom Leben reichlich beschenkt zu werden. Darum heißt dein Weg: »Von der Selbst-Verurteilung zur Selbst-Wertschätzung«.

GRUNDLEGENDE GEDANKEN:

- Selbstliebe und Selbst-Wertschätzung sind Schlüssel zum Reich der Fülle.
- Wer nicht lernt, sich selbst anzunehmen und zu lieben, der kann auch die Liebe der anderen nicht empfangen.
- Wer sich selbst nicht liebt, der fordert die anderen auf, ihn lieblos zu behandeln.
- Was uns unangenehm ist, wollen wir wegmachen. Doch damit müssen wir zwangsläufig scheitern.
- Annahme und Liebe heißt der Schlüssel zur Verwandlung aller Zustände.
- Unser Lebensweg ist ein Weg aus der Selbst-Verurteilung hin zur Selbst-Wertschätzung und Selbstliebe.

9

Deine Vergangenheit segnen

Egal wie du selbst bisher über dein Leben denkst, egal ob du bisher Schulden angehäuft hast, an vielen Arbeitsplätzen gescheitert bist, deinen Traumpartner immer noch nicht gefunden hast oder vom Alkohol abhängig bist, dieser Lebensweg mit all deinen Erfahrungen wartet auf deine Anerkennung und Wertschätzung. Denn du hast es all die Jahre so gut gemacht, wie du konntest. Auch wenn dein Verstand vielleicht etwas anderes denkt: Ich behaupte, du hast die beste Lebensleistung vollbracht, die machbar war. Du hast dein Bestes gegeben, und das wartet auf deinen Segen, auf deine Anerkennung.

Wer mit seiner Vergangenheit und seiner bisherigen Biografie hadert, wer mit sich selbst grollt, der verströmt ein unheilvolles »Parfum« ins Universum. Wer über Kreuz liegt mit dem, was er bisher – meist unbewusst – erschaffen hat, der nährt in sich das Bewusstsein eines Versagers, in dem »es« unbewusst denkt: »Ich bin ein Versager.« Und wer dieses Selbstbild nicht korrigiert, muss auch in Zukunft Erfahrungen erschaffen, die seine Selbsteinschätzung als Versager bestätigen. Es gibt auf dieser Welt keine Versager und keine Gewinner, auch wenn das vordergründig so aussieht. Solche Urteile fällt der Verstand. Du glaubst zu wissen, was du alles schon hättest leisten sollen und müssen. Doch der Verstand hat keine Ahnung von der Wirklichkeit. Das heißt: Du warst Schöpfer deines Lebens. Und all die Erfahrungen deines bisherigen Lebens haben ihren tiefen und guten Sinn für dich und dein Leben. Diesen Sinn wirst du erst dann erkennen können, wenn du dich dem Gedanken öffnest, dass alles seinen Sinn hat. Wer solche Gedanken als Blödsinn ablehnt, wird diesen Sinn nicht erkennen und im Unfrieden mit seinem Leben verharren.

Wer zum Beispiel einmal einen schweren Unfall hatte, der konnte zum Zeitpunkt des Unfalls nicht den Sinn für sein Leben erkennen, der in diesem Unfall steckte. Aber mit dem Abstand von fünf oder zehn Jahren können die meisten Unfallopfer (besser »Unfall-Schöpfer«) sehr gut die Frage beantworten: Was glaubst du, wozu dir dein Unfall von damals gedient hat, wozu er gut war? Was hat sich dadurch in deinem Leben verändert? Die meisten Menschen mit solchen Unfallerfahrungen erzählen, dass ihr Leben im Innen wie oft auch im Außen eine völlig neue Richtung genommen hat, für die sie später dankbar sind.

Für andere mag es schwieriger sein, den guten Sinn in einer Erfahrung zu erkennen. Dies gelingt im Gespräch mit einem anderen Menschen häufig leichter. Wenn du zum Beispiel in deiner Vergangenheit durch tiefe Depressionen gegangen bist, wenn du häufig verlassen wurdest oder schon oft an Arbeitsstellen »gescheitert« bist, dann wirst du auch diese Erfahrungen eines Tages als einen Schatz betrachten können, als einen Erfahrungsschatz. Wer tiefe Depressionen erfahren und überstanden hat, der kann andere Menschen mit solchen Gefühlen sehr viel besser verstehen, er hat sein Bewusstsein erweitert. Wer oftmals gescheitert ist und nach Jahren des Selbsthasses zu einem liebevollen Verhältnis zu sich zurückkehrt, der hat einen neuen Blick auf das Leben und seinen Sinn gewonnen, der ist innerlich gereift und gewachsen. Wer häufig verlassen wurde und nach Jahren der Verzweiflung erkennt, dass er sich selbst verlassen hat, der beginnt zu begreifen, wie das Leben funktioniert, der wird weiser.

Damit du das Geschenk deiner Vergangenheit annehmen kannst, lade ich dich ein, aufzuhören, diese Vergangenheit und dich selbst dafür zu verurteilen. Segne deine Vergangenheit, all deine gemachten Erfahrungen und auch alle Menschen, mit denen du diese Erfahrungen gemeinsam erschaffen hast. Schließe Frieden mit allem, mit dem du bisher nicht im Reinen bist. Dieser Segen, dieser Frieden ist der Humus, aus dem Wohlstand, Erfolg und ein glückliches Leben hervorgehen. Schau dir alles an deiner Vergangenheit genau an und erkenne: »All das gehörte zu meinem Weg, jede Erfahrung, jede Beziehung, und ohne sie wäre ich nicht der Mensch, der ich heute bin. All das hat mich wachsen und reifen lassen.«

Wann immer du in deinem Leben etwas Neues beginnst – eine neue Beziehung, eine neue Arbeit – oder du in eine neue Wohnung einziehst, segne das, was bisher da war. Anerkenne und segne deine bisherige Beziehung und danke deinem Ex-Partner für alle Erfahrungen, die du mit ihm gemacht hast. Wenn du das noch nicht schaffst, wünsche dir von Herzen, dass du vergeben kannst. Was du ihm vorwirfst, das wirfst du in Wirklichkeit dir selbst vor. Wer im Unfrieden mit dem Ex-Partner eine neue Beziehung beginnt, der zieht das Virus des Unfriedens mit in die neue Beziehung. Der ist im Innern noch mit dem Ex-Partner liiert. Wer mit seinem bisherigen Arbeitgeber noch hadert und grollt, weil er sich ungerecht behandelt fühlt, der kann und will vermutlich den Sinn dieser wichtigen Lebenserfahrung noch nicht erkennen. Darum wird er diese oder eine ähnliche Erfahrung auch an seiner neuen Arbeitsstelle machen.

Was heißt das genau: etwas zu segnen? Es bedeutet die tiefe Erkenntnis, dass das Vergangene mir zum Aufwachen gedient hat. Es bedeutet, zu erkennen, dass die gemachten Erfahrungen absolut sinnvoll waren und mir auf dem Weg zur Selbsterkenntnis, zur Heilung alter Muster und zu wirklichem Erfolg dienen. Etwas zu segnen bedeutet, aus tiefstem Herzen JA zu sagen, die Erfahrung zu würdigen und sich selbst und alle Beteiligten zu ehren.

Das vielleicht wichtigste Kapitel deiner Vergangenheit, das auf deinen Segen wartet, sind deine Kindheit und deine Jugend und alle Erfahrungen, die du mit deiner Mutter und deinem Vater gemacht hast, ganz gleich, ob sie anwesend oder abwesend waren. Die mit Abstand meisten

Menschen liegen auch mit 40 oder 50 Jahren mit ihren Eltern im Clinch bzw. sind nicht in Klarheit, in Frieden und in Freiheit mit ihren Eltern verbunden. Wer im Unfrieden, das heißt ohne den Segen seiner Eltern durchs Leben geht, dem fehlt etwas Grundlegendes für ein erfülltes Leben.

Ich habe in meiner therapeutischen Praxis und bei Seminaren kein größeres Hindernis für Erfolg, Wohlstand und ein erfülltes, glückliches Leben gefunden als das unklare, unfriedliche und unfreie innere Verhältnis zur Mutter und zum Vater der Kindheit. Dieses Verhältnis hat nichts mit der Beziehung zu den vielleicht noch lebenden alten Eltern zu tun. Darum empfehle ich allen, die sich hier angesprochen fühlen, meine beiden Meditations-CDs* »Die Mutter meiner Kindheit« und »Der Vater meiner Kindheit« über eine gewisse Zeit hinweg ein- bis zweimal pro Monat für sich zu nutzen. Unsere Mutter und unser Vater sind die mit Abstand größten »Türen« in unsere Freiheit und zu unserem Lebensglück.

* siehe Übersicht der Vorträge und Meditationen am Buchende oder unter www.robert-betz.com

Grundlegende Gedanken:

- Du hast in deinem Leben dein Bestes gegeben, und das wartet auf deinen Segen.
- Alle Erfahrungen deines Lebens haben ihren guten Sinn.
- Diesen Sinn kannst du erst erkennen, wenn du dich dafür öffnest, dass dein Leben einen Sinn hat.
- Alles in deinem Leben wartet auf deinen Segen.
- Segnen heißt würdigen, wertschätzen, ehren, danken und abschließen.
- Wer ein neues Kapitel in seinem Leben beginnt, sollte das letzte Kapitel segnen; sonst wiederholen sich die Erfahrungen.
- Das größte Kapitel deines Lebens, das auf deinen Segen wartet, ist deine Kindheit bzw. sind deine Erfahrungen mit dem Vater und der Mutter deiner Kindheit.

10

Alleinsein schafft Klarheit

Wenn wir ein neues Leben in Fülle, das heißt mit Erfolg, Wohlstand oder Reichtum, Freude, Gesundheit und dem Gefühl der Erfülltheit erschaffen wollen, ist es wichtig, zu verstehen, wie Schöpfung funktioniert. Eine Grundwahrheit allen Erschaffens lautet: *Alles ist zunächst Geist.* Das heißt: Alles, was du gerne im Außen hättest, entsteht zunächst in deinem Geist, im Unsichtbaren. Das haben die meisten Menschen bis heute nicht verstanden, denn sie denken z. B.: »Wenn ich mich anstrenge und viel tue, dann kommt dabei schon etwas heraus.« Sie konzentrieren sich also auf das anstrengende Machen und Tun in ihrem Leben. Fast alle Menschen unserer westlichen Welt sind fleißig und den ganzen Tag lang mit irgendetwas beschäftigt, aber die meisten von ihnen kommen dadurch auf keinen grünen Zweig; sie haben Schulden, sind krank und nicht glücklich in ihren Beziehungen. Vielleicht ist es dir in deinem Leben ja bisher genauso ergangen.

Wenn du etwas wirklich Neues in deinem Leben erschaffen oder in dein Leben hineinziehen willst, dann empfehle ich dir sehr, in Zukunft regelmäßig Zeit für dich und die Pflege deines geistigen Wohlbefindens zu reservieren. Ich werde dir dazu weiter unten einige Vorschläge machen.

Da du ein Wesen bist, das ununterbrochen Energiewellen in die Welt hinausstrahlt, lautet für dich die entscheidende Frage: *Wes Geistes Kind bin ich?* Geist umfasst hier die Gesamtheit der Energien, die du aussendest, also vor allem alle Gedanken und alle Gefühle. Anders formuliert frage ich dich: *Mit welchem Bewusstsein gehst du täglich durch deine Welt und erschaffst diese täglich neu?*

»Wenn du nicht nach innen gehst, gehst du leer aus«, heißt einer der zentralen Sätze in dem schönen Buch »Gespräche mit Gott« von Neale Donald Walsch. Nimm dir täglich Zeit für dich, um mit dir allein zu sein; Zeit, um nach innen zu gehen und dich mit dem zu beschäftigen, was in dir vorgeht. Diese Beschäftigung mit dir selbst kann sehr unterschiedlich aussehen. Hierzu gehören vor allem die Meditation, die Beschäftigung mit deinen Gedanken und mit deinen Gefühlen bzw. Emotionen. In den folgenden Kapiteln sowie auf der CD »Willkommen im Reich der Fülle« finden sich zahlreiche Anregungen.

Wie bereits erwähnt, ist Unbewusstheit die Grundursache für die Erschaffung von Mangelzuständen. Wir waren unbewusste Schöpfer unseres Lebens, und die meisten werden dies ihr Leben lang sein. Unbewusster Schöpfer zu sein bedeutet fast immer, sich als Opfer von Menschen oder Ereignissen zu fühlen. Viele jedoch wachen in ihren Vierzigern oder Fünfzigern aus ihrem Schlaf auf, weil sie spüren: Es muss noch ein anderes Leben geben. Zudem begegnen sie vereinzelt Menschen in ihrem Umfeld, die offensichtlich ganz anders durch die Welt gehen und dabei offenbar sehr glücklich sind.

Oftmals geschieht es, dass Menschen sehr unsanft aus ihrem Schlaf geweckt werden: durch einen schweren Unfall, eine Krankheit wie Krebs oder Herzinfarkt, durch den Verlust ihres Arbeitsplatzes, durch den Tod eines lieben Menschen, durch das Verlassenwerden vom Partner oder andere unerwartete und oft schockierende Ereignisse. Wir benötigen bisweilen solche »Hämmer« in unserem Leben, um aus dem gewohnten Trott im Innen wie im Außen rauszukommen. Das sind unüberhörbare Weckrufe, und sie stellen große Geschenke des Lebens dar, auch wenn sie zunächst heftige Schmerzen in uns auslösen.

Nehmen wir zum Beispiel eine schwere Krankheit oder einen Unfall. Worin liegt der Segen, das Geschenk? Wir werden hierdurch zunächst einmal aus dem Verkehr gezogen und ins Liegen gezwungen: aus der Senkrechten in die Waagrechte. Der bisher dominierende Kopf liegt plötzlich auf einer Ebene mit den Füßen. Kein Weglaufen ist mehr möglich, keine Aktion, keine Ablenkung von mir selbst. Da liege ich mit mir allein im Bett, kann mich kaum bewegen und bin die meiste Zeit allein. Ich verbringe plötzlich so viele Stunden ausschließlich mit mir selbst wie vielleicht seit meiner Kindheit nicht mehr. Dies ist eine große Chance. Der eine ergreift sie, der andere lässt sie vorbeiziehen.

In dieser Lage bin ich gezwungen, mit mir allein zu sein und mich mit mir selbst zu beschäftigen. Wenn du noch keinen Unfall oder noch keine schwere Krankheit hattest, brauchst du sie auch nicht zu haben. Du kannst dem Leben entgegenkommen und sagen: Ich nehme mir ab jetzt Zeit für mich selbst. »Kümmere dich endlich um das Wesentliche, um dich selbst«, heißt einer meiner Vorträge, der klarmachen soll, dass sich dieses Leben zentral um dich dreht, auch wenn du Partner und Kinder hast.

Viele Menschen laufen immer noch davor weg, mit sich selbst allein zu sein und Zeit für sich zu nehmen. Zeit in Ruhe mit mir selbst zu verbringen, sei es bei einem Spaziergang, sei es in einem stillen Raum, ist ein Schlüssel für ein Leben in Fülle und Erfülltheit. Das Alleinsein hat in unserer reizüberfluteten Zeit für viele keinen besonders guten Klang; nicht wenige laufen davor weg, mit sich selbst ganz allein zu sein. Ich aber empfehle es dir eindringlich. *Triff eine Entscheidung für das In-Ruhe-mit-dir-allein-Sein*, auch wenn du verheiratet bist oder in einer Partnerschaft lebst.

Mit sich allein in Ruhe Zeit zu verbringen ist die Grundlage für Klarheit im Geist und für eine Zentriertheit in uns, die wir benötigen, um zu bewussten, kraftvollen und liebevollen Schöpfern unseres Lebens zu werden. So unbewusst die meisten Menschen heute durch ihr Leben stolpern, so unklar ist ihnen auch, was sie in diesem Leben wirklich wollen. Wer im Geist unklar ist, der erschafft unklare Verhältnisse im Außen. Und so muss es niemanden wundern, dass das Leben so vieler Menschen aussieht wie ein einziges Chaos. Wie innen (im Geist), so außen in der Realität und in den Beziehungen.

GRUNDLEGENDE GEDANKEN:

- Alles im Außen entsteht zunächst im Geist.
- Die meisten Menschen konzentrieren sich auf das Zweitrangige, auf das Machen und Tun, anstatt auf das bewusste Sein, auf ihr Bewusst-Sein.
- Wer unklar im Geist ist, der erschafft auch unklare Verhältnisse.
- Die wichtigste Frage für dein Leben lautet: Wes Geistes Kind bin ich?
- Mit sich selbst allein sein, erschafft Klarheit im Geist und dadurch Klarheit im Außen.
- Kümmere dich endlich um das Wesentliche – um dich selbst!

11

Was genau willst du wirklich?

Den meisten Menschen ist völlig unklar, was sie hier in diesem Leben sollen oder wollen, was der Sinn ihres Lebens ist. Niemand zwingt uns, diesen Sinn zu suchen, und niemand kann diese Frage für uns beantworten. *Der Sinn deines Lebens ist der, den du ihm gibst,* könnte eine erste Antwort lauten. Hieraus folgt die Frage: Hast du deinem Leben schon bewusst einen Sinn gegeben? Hast du dich bewusst entschieden und gesagt: »Ich lebe, um zu …« oder: »Der Sinn meines Lebens soll darin bestehen, dass ich …«?

Solange wir diesen Sinn nicht gefunden haben und ihn uns selbst wie auch anderen nicht klar mitteilen können, herrschen in uns Unklarheit und Widersprüchlichkeit. Und genauso muss sich dann auch unser Leben anfühlen, denn das Außen spiegelt unser Inneres wider. Die erste Entscheidung, die wir treffen können, wenn wir feststellen, dass Unklarheit und Chaos in uns herrschen, heißt: »Ich wünsche mir Klarheit!« Oder: »Ich entscheide mich für Klarheit in meinem Leben. Ich will herausfinden, was ich wirklich will in diesem Leben!« Die Antwort auf diese Frage findest du nur tief in dir selbst; dort steht diese Antwort schon lange fest. Jedoch wirst du sie nicht mit deinem Verstand und mithilfe des Denkens finden können. Auch das Lesen von Büchern oder die Begegnung mit Lehrern werden sie dir nicht frei Haus liefern, auch wenn diese dir Anregungen geben können. Die Antwort auf die Frage »Was will ich in meinem Leben wirklich?« findest du nur in deinem Herzen.

Diese Frage hat verschiedene Varianten, die dir vielleicht helfen, zu einer klaren Antwort zu gelangen:

- Was soll mir das Allerwichtigste sein in meinem Leben?
- Was möchte ich in meinem Leben verwirklichen?
- Wenn ich einmal aus diesem Körper gehe, was will ich dann über mein Leben sagen können?
- Was soll der Fokus, der Brennpunkt sein, auf den ich mein Leben ausrichten möchte?
- Wer will ich sein in diesem Leben?

Die Antworten auf diese Fragen werden dir irgendwann so klar sein wie Bergkristall (dessen Energie du übrigens nutzen kannst, um zu dieser Klarheit zu finden). Würde dich jemand nachts wecken mit der Frage: »Du, sag mal, wozu lebst du eigentlich?«, wäre es dann nicht wunderbar, wenn du ihm ruhig, klar und eindeutig antworten könntest: »Das kann ich dir ganz genau sagen: Erstens …, zweitens …, drittens …«?

Verurteile dich bitte nicht dafür, dass du diese Klarheit heute vielleicht noch nicht hast. Wir Menschen gehen hier alle einen Weg aus Unbewusstheit in Bewusstheit, aus Unklarheit in Klarheit. Kümmere dich also bitte um Klarheit. Hierzu empfehle ich dir eine Übung über sieben Tage. Setze dich jeden Tag morgens früh nach dem Aufstehen eine halbe Stunde hin (nicht länger und nicht kürzer) und schreibe einen kurzen Aufsatz mit der Überschrift »Wozu ich dieses Leben leben will« oder »Über den Sinn meines Lebens«. Fange bitte jeden Morgen ein neues Blatt an und schaue nicht auf das Blatt des vorhergehenden Tages. Setze dich dabei nicht unter Leistungsdruck. Sei liebevoll zu dir und fühle dich frei, zu schreiben, was du willst. Niemand bewertet dich. Aber rufe dir immer wieder ins Bewusstsein: *»Ich habe die freie Wahl, was für ein Leben ich leben will.«*

Paul Ferrini hat mal an einer Stelle so schön gesagt: *»Die meisten Menschen wissen nicht, was sie wollen, oder sie glauben nicht daran.«* Finde heraus, was dein Herz will, und lebe diese Antwort jeden Tag. Bleibe dieser Antwort treu und verwirkliche das, was dein Herz dir rät.

Ebenfalls hilfreich für deine Antworten auf die oben genannten Kernfragen ist auch folgende Übung: Gehe gedanklich an das Ende deines Lebens. Dazu hast du genügend Vorstellungskraft. Stell dir vor, du hast dein Leben in diesem Körper gelebt, und jetzt heißt es Abschied nehmen. Was möchtest du über dein vergangenes Leben sagen können? Mit welchen Gedanken und mit welchem Gefühl möchtest du aus diesem Körper gehen? Wenn auf den Grabsteinen absolut ehrliche Sätze stehen würden, was sollte dann auf deinem Grabstein stehen? Soll es ein Satz sein wie »Sie hat sich viel um andere gekümmert!« oder »Er hat sein Leben voll gelebt!« oder »Sie hat nichts ausgelassen und mit Begeisterung gelebt!«? Auf den meisten Grabsteinen müsste ehrlicherweise stehen: »Er hat sein Thema nicht gefunden«, oder: »Sie hat sich mit vielen Aktivitäten von sich selbst abgelenkt«.

Wie könnte eine Entscheidung für das Allerwichtigste im Leben lauten? Ein Beispiel: »Ich möchte ein Leben größter Freude, Leidenschaft und Begeisterung führen. Ich entdecke täglich mehr und mehr, was mir Freude macht, und ich gehe diesen Impulsen nach. Jeden Abend frage ich mich, wie viel Freude ich heute in welchen Momenten erlebt habe. Aber ich öffne mein Herz auch für das Gegenteil von Freude, für alle Trauer und Bedrücktheit in mir, denn ich weiß: *Zur Freude gelange ich nur, wenn ich auch meine Trauer liebevoll zulasse und durchlebe.*«

Ich erinnere dich noch einmal an das, was jeden Morgen in deinem Leben geschieht: Du wachst auf, und noch bevor du die Augen aufgemacht hast, beginnst du damit, Energien in die Welt hinauszustrahlen, die deinen Tag und dein Leben erschaffen. Du gehst als ein Energie ausstrahlendes Wesen in den Tag und erschaffst von morgens bis abends, Stunde um Stunde, zunächst im Unsichtbaren Energiezustände, die sich nach und nach in deinem Leben manifestieren – als Gesundheit oder Krankheit, Freude oder Leiden, Fülle oder Mangel. Je klarer du weißt, was du in diesem Leben erreichen und sein willst, desto schneller wirst du dein Lebensglück verwirklichen, zuerst im Innen und dann auch im Außen. Und je mehr Klarheit über diese Frage in dir herrscht, desto entschiedener wirst du dein Leben nach diesem Wunsch ausrichten. Sorge also dafür, dass du weißt, was du willst, und dass du dich jeden Tag neu und beharrlich für diese Richtung in deinem Leben entscheidest.

GRUNDLEGENDE GEDANKEN:

- Der Sinn deines Lebens ist der, den du ihm gibst.
- Wenn dir der Sinn deines Lebens nicht klar ist, wünsche dir als Erstes Klarheit.
- Was soll dir das Allerwichtigste in deinem Leben sein?
- Die wichtigsten Antworten ruhen schon lange in dir, in deinem Herzen.
- Die meisten Menschen wissen nicht, was sie wollen, oder sie glauben nicht daran.
- Je klarer deine innere Antwort ausfällt, desto entschiedener und leichter lebst du sie.

12

Empfangen können –
die weibliche Seite der Fülle

Um zu Wohlstand und Erfolg, zu Fülle und einem glücklichen, erfüllten Lebensgefühl zu kommen, darfst du dich nun ein wenig mit deiner »weiblichen« Seite beschäftigen – auch als Mann. In jedem Menschen sind nicht nur eine männliche wie eine weibliche Seite enthalten, sondern diese zwei Seiten ziehen sich auch durch unser ganzes Leben und Verhalten. Dem männlichen Tun und Machen steht das weibliche Nicht-Tun oder Sein und das Geschehenlassen gegenüber, der männlichen Kontrolle das weibliche Vertrauen, der männlichen Arbeit das weibliche Spiel. Man nennt das auch das männliche und das weibliche Prinzip, das sich durch unseren Alltag zieht. Hierzu gehören das männliche Geben und das weibliche Empfangen. Beide Seiten werden von unserem Verstand getrennt, gehören jedoch in Wirklichkeit untrennbar zusammen und wollen beide in unserem Denken und Leben geehrt und gelebt werden. Tun wir uns aber mit einem der Prinzipien »männlich« oder »weiblich« schwer, dann wirkt sich das sofort auf die andere Seite aus, und es entsteht eine Schieflage, die sich in einem Mangelzustand ausdrückt.

In diesem und den folgenden Kapiteln werden viele entdecken können, warum sich in ihrem bisherigen Leben die Fülle noch nicht einstellen konnte, warum also das Geld oft knapp ist, der gewünschte Erfolg ausbleibt die Schulden drücken und weniger die Lebensfreude, als vielmehr Erschöpfung und Ausgelaugtsein den Alltag bestimmen. Auch die Entstehung vieler Krankheiten können wir auf das Missachten dieses Zusammenhangs zwischen dem männlichen und dem weiblichen Prinzip zurückführen.

Wie sieht dein Alltag aus? Arbeitest du sehr viel? Strengst du dich sehr an? Bist du oft müde und erschöpft? Wunderst du dich manchmal, warum du in deinem Leben noch nicht mehr erreicht hast, obwohl du doch so fleißig warst? In den Köpfen der meisten Menschen besteht eine große Schieflage zwischen der Wertschätzung der männlichen und der weiblichen Seite des Lebens. Sie denken, fleißig und viel zu arbeiten und sich anzustrengen sei auf dem Weg zu Erfolg und Wohlstand wichtiger und wertvoller als das Gegenteil hiervon, nämlich zu entspannen, nichts zu tun, loszulassen, geschehen zu lassen und zu vertrauen. Das ist kein Wunder, wenn wir uns anhören, mit welchen Sprüchen bis heute Kinder erzogen und gepusht werden. Einerseits heißt es auch heute noch: »Tu was! Mach deine Aufgaben! Streng dich mehr an! Sei fleißig, dann bringst du es zu etwas in deinem Leben.« Und andererseits klingt es immer noch in Kinderohren: »Häng nicht so rum! Träum nicht! Lass dich nicht so gehen! Sei nicht so faul!« usw. Das Erste ist die männliche, das Zweite ist die weibliche Seite. Zum Träumen, Herumhängen, Sich-fallen lassen, Die-Dinge-sich-entwickeln-lassen, Vertrauen usw. hat ein Großteil der Menschen in der westlichen Welt immer noch ein gebrochenes Verhältnis. Nach meiner Beobachtung ist diese Einstellung bei Frauen noch stärker verbreitet als bei Männern, denn die jungen Mädchen haben von Mama früh abgeschaut: Wenn der Mann von seiner Arbeit nach Hause kommt, kann er abschalten; für viele Frauen jedoch gibt es im Haushalt kein festgesetztes Ende der Arbeit, da immer noch was zu tun bleibt. Hier muss die Frau bewusst ein Ende setzen.

Eines der wichtigsten Energiegesetze in unserem Universum heißt: *Alles will Ausgleich*, das heißt, eine Hinwendung zur einen Seite erfordert gleichzeitig auch eine Hinwendung zur anderen Seite, damit auf längere Sicht keine Schieflagen entstehen.

Ich frage dich: Bist du wirklich in Empfangsbereitschaft? Kannst du innerlich wirklich mit einem freudigen Gefühl sagen: »Ich bin bereit, die Geschenke des Lebens zu empfangen, und ich empfange sie jeden Tag mit großer Freude und Dankbarkeit!«? Lege einmal für ein paar Minuten das Buch beiseite und dann deine Hände – wie Schalen nach oben geöffnet – auf deine Oberschenkel: in der Haltung des Empfangens. Schließe deine Augen und sprich einmal ruhig, aber deutlich vernehmbar die Sätze: »Ich bin bereit zu empfangen. Ich habe es verdient zu empfangen. Ich darf empfangen. Ich empfange jetzt.« Spüre dabei genau, wie sich diese Haltung und diese Sätze in dir anfühlen.

Der Kopf und Verstand vieler Menschen und oft auch der ganze Körper wehren sich dagegen, einfach dazusitzen und zu empfangen. In Empfangsbereitschaft zu gehen ist für viele Neuland. Darum möchte ich diesen Punkt deiner weiblichen Seite genauer erläutern.

Wenn du den Reichtum des Lebens – ob in spiritueller oder materieller Form – genießen willst, musst du empfangsbereit sein. Das sind viele Menschen jedoch nicht. Was verhindert unsere Bereitschaft, zu empfangen?

- *Wir erlauben uns nicht, zu entspannen und nichts zu tun.*
  Die Übergeschäftigkeit vieler Menschen hat verschiedene Ursachen. Sie müssen dauernd etwas tun und können nicht innehalten und in Ruhe mit sich sein. Einfach dasitzen, schweigend, ohne Geräuschquelle, entspannt sich selbst genießend – das ist für die Mehrzahl der Menschen ein Unding. Sie halten es mit sich allein nicht aus und flüchten sich ins Tun. Das ständige Machen und Tun ist für sie willkommene Ablenkung von dem, was sich in ihnen abspielt, und damit von der größten Quelle allen Reichtums, die in uns ist.

Um empfangsbereit zu werden, entscheide dich im Alltag immer wieder für Phasen des Nicht-Tuns, für Pausen, in denen du faul herumliegst oder im Sessel sitzt, in der Hängematte, auf der Saunabank, auf der Gartenliege, auf dem Massagetisch oder in deiner Badewanne entspannst. Mache viele Pausen und lege sie ganz bewusst ein. Pausen machen heißt, das weibliche Prinzip zu ehren und deine weiblich-empfangende Seite zu nähren. Wer zum Beispiel jede Stunde nur 3 Minuten Pause macht, wird hierfür vom Leben belohnt werden. 180 Sekunden mit sich selbst sein, ohne etwas zu tun, genießend und tief atmend sich spüren, vielleicht noch an der frischen Luft – das ist Balsam für Körper, Geist und Seele, das heißt für dein gesamtes Energiesystem. In nur drei Minuten – auf diese Weise verbracht – tankst du Energie für Stunden.

- *Wir sind nicht da, wir sind abwesend.*
  Die meisten Menschen verlieren sich über große Strecken des Tages in ihren Gedanken. Gedankenverloren leben sie ein Leben der Routine, des Beschäftigtseins. Sie machen sich um alles Mögliche ständig Gedanken. Wer das tut, der lebt nicht. Er ist einfach nicht da. Wenn du denkst, hängst du entweder in der Vergangenheit herum oder in der Zukunft. Nur an einem Ort bist du nicht: im JETZT und im HIER. Dein Körper ist zwar da, aber dein Bewusstsein nicht. Und wenn in dir keiner da ist, kannst du auch nicht empfangen.

Wenn du empfangsbereit sein willst, lade ich dich ein, in die Gegenwart zurückzukommen, ins Präsens. Wie machst du das? Indem du alles mit Aufmerksamkeit und Liebe tust, ohne die Tätigkeiten unterschiedlich zu bewerten. Ob du dein Geschirr abwäschst oder auf der Toilette sitzt, ob du einen Brief schreibst oder deine Rechnungen bezahlst, ob du den Hof kehrst oder einkaufst, tue es mit voller Hingabe an das, was du tust. Sei da bei dem, was du tust, und spüre dich dabei! Tue alles so bewusst und so gut, wie du es kannst. Dann kommst du im Alltag mehr und mehr ins Präsens. Warum ist das wichtig für die Fülle? Nur im Präsens kannst du die Präsente des Lebens empfangen, darum heißt die Gegenwart Präsens. Nur wenn du wirklich bewusst anwesend bist in deinem Körper und bei dem, was du gerade tust, befindest du dich im ewigen Strom des Lebens und nimmst an ihm teil. Darum legen Lehrer wie Eckart Tolle oder Thich Nhat Hanh so viel Wert auf Übungen der Achtsamkeit. Wer achtsam ist beim Essen und Trinken, beim Gehen und Stehen, der hat weit mehr vom Leben als der »Normal-Mensch«. Bei meinen Urlaubsseminaren »Mich selbst und das Leben lieben lernen« auf der Insel Lesbos erleben dies die Teilnehmer jedes Mal neu: Aus einem Tag werden drei oder mehr Tage, aus einer Woche Urlaubsseminar werden – gefühlt – drei oder vier Wochen. Entsprechend mehr empfangen wir in dieser Zeiteinheit.

Ich erinnere dich noch einmal daran: Alles, was du im Außen erschaffen willst, entsteht zunächst in deinem Inneren, in deinem Geist. Wir empfangen zunächst im feinstofflichen, unsichtbaren Bereich Impulse, Wünsche, Sehnsüchte. Wir werden inspiriert, wir träumen und kreieren in unseren Gedanken. Für all diese Dinge ist das Nähren und Ehren deiner weiblichen Seite wichtig. Nimm dir also in deinem Leben immer wieder Zeit ganz für dich, nicht um etwas Bestimmtes zu leisten, sondern um einfach zu entspannen, zu genießen, dich an dir selbst und am Leben zu freuen. Die Stunden, die du so verbringst, sind die besten Zeiten, um zu empfangen.

GRUNDLEGENDE GEDANKEN:

- In jedem Menschen gibt es eine männliche und eine weibliche Seite.
- Durch unser ganzes Leben und Verhalten leben wir entweder die männliche oder die weibliche Seite.
- Alles will Ausgleich, das heißt, beide Seiten wollen geehrt und gelebt werden.
- Wird dieses Energiegesetz missachtet, so entstehen Schieflagen in uns, und dies führt zu Mangel- und Leidenszuständen.
- Das Empfangen gehört zum weiblichen Prinzip, das Geben zum männlichen.
- Bewusst Pausen zu machen bedeutet, deine weiblich-empfangende Seite zu nähren.
- Die meisten Menschen sind häufig in Gedanken verloren und nicht bei sich selbst.
- Die Geschenke des Lebens kannst du nur in der Gegenwart, im Hier und Jetzt empfangen.

13

Mach dein Denken zum Danken

Nur sehr wenigen Menschen ist bewusst, dass sie ständig empfangen, dass das Leben sie am laufenden Band beschenkt. Würden sie dies bemerken und würdigen, wären sie im Nu im Zustand der Fülle. Mach dir bitte klar, was das Leben dir jeden Tag von morgens bis abends alles schenkt. Wenn du in einer westlichen Wohlstandsgesellschaft lebst, dann wachst du in einem warmen Bett auf, hast ein Dach über dem Kopf, gehst in ein Badezimmer und stellst dich unter eine warme Dusche oder legst dich in eine Badewanne. Du bewegst dich in einem Körper, der ein wahres Wunderwerk ist, mit dem du gehen, laufen, springen und tanzen und andere Körper umarmen kannst; du kannst berühren und wirst berührt. Du lebst in einem Land mit herrlichen Landschaften und mit Städten, die ein unendliches Angebot für dich bereithalten. Sieh dir nur einmal all die kleinen oder größeren elektrischen Geräte in deinem Haushalt an, die dir das Leben leichter und angenehm machen. Dann die Vielfalt an Musik, die dich umgibt, die Filme, die Bücher, die unendlichen Möglichkeiten an Bildung, von denen Milliarden anderer Menschen auf dieser Erde nur träumen können. Wenn du einen Computer hast, kannst du mit unendlich vielen Menschen in aller Welt in Kontakt treten.

Wenn du hier im Westen geboren bist bzw. leben darfst, dann hast du – selbst wenn du Hartz-IV-Empfänger wärst – das große Los gezogen. Dann gehörst du zu den privilegierten zehn Prozent der Erdbevölkerung. Aber die meisten nehmen diese Tatsache nicht zur Kenntnis. Sie ignorieren schlichtweg, dass das Leben sie ständig beschenkt. *Öffne deine Augen für die Fülle und den Überfluss, die dich umgeben, und beginne, sie in dein Bewusstsein aufzunehmen. Werde dir der Geschenke des Lebens täglich bewusster und fange an, sie zu würdigen, sie mit Würde, mit Achtsamkeit und mit Dankbarkeit zu empfangen.* Wenn du denkst, dann denke in Dankbarkeit. Es gibt keinen Moment am Tag, an dem du kein Geschenk empfängst. Du atmest – und du empfängst Leben. Du trinkst ein Glas Wasser – und du empfängst Leben. Du siehst Bäume und Blumen, du spürst den Wind und den Regen, du begegnest vielen Menschen am Tag – und dennoch siehst du die Geschenke nicht. Denn du konzentrierst dich in deinem Denken auf etwas ganz anderes, zum Beispiel auf das, was du gerade nicht hast, was dir deiner Meinung nach fehlt.

Ich lade dich ein: *Konzentriere dich bewusst auf alles, was jetzt vor deiner Nase da ist, und auf die Möglichkeiten, die sich dir jetzt bieten.* Und danke dem Himmel, danke Gott, danke dem Leben, dass du leben darfst. Das Leben selbst ist das allergrößte Geschenk, das wir erhalten haben, und dieses Leben ist nicht getrennt von uns, es ist mitten in uns. Wir sind untrennbarer Teil dieses Wunders, das wir Leben nennen.

Wenn du morgens aufwachst, dann bleibe noch ein paar Minuten in deinem Bett liegen und nimm wahr, dass du schon wieder einen Tag in diesem Körper auf dieser Erde geschenkt bekommst, und sage: »Danke, danke, danke!« – für diesen neuen Tag, und wenn du magst, kannst du ergänzen: »Aus diesem Geschenk will ich das Beste machen!«

Mache dein ganzes Denken zu einem immer stärker werdenden Strom des Dankens. Wer mit Dankbarkeit durch die Welt geht, der strahlt dies aus. Dankbarkeit hat eine bestimmte Frequenz, mit der wir Energie ausstrahlen, und der Kerngedanke dahinter lautet: »Ich bin reich; denn ich kann mich für so unendlich viele Geschenke bedanken. Ich bedanke mich für den Reichtum des Lebens in mir selbst und um mich herum.« Wer auf diese Weise dankend durch sein Leben geht, der kann nicht anders, als wie ein Magnet weitere und immer größere Geschenke anzuziehen. Wenn du von Dankbarkeit erfüllt bist, dann sind alle deine Zellen, nicht nur die in deinem Gehirn, auf Reichtum programmiert. Es denkt und fühlt in ihnen: »Wir sind reich!« Du nährst durch Danken also ein Reichtumsbewusstsein im Inneren. Wer auf diese Weise reich in seinem Inneren ist, der muss ein glückliches Leben führen; der kann nicht anders, als im Außen das Spiegelbild seines inneren Reichtums zu erschaffen. Also erst innen – dann außen!

Grundlegende Gedanken:

- Im Westen leben wir in der Fülle, aber die meisten sehen und würdigen sie nicht.

- Viele konzentrieren sich auf das, was sie nicht haben, und vergleichen sich mit anderen – dies führt ins Land des Mangels.

- Wer sich die Geschenke des Lebens bewusst macht, geht mit Dankbarkeit durch sein Leben.

- Wer mit Dankbarkeit durch sein Leben geht, der nährt in sich das Bewusstsein eines reichen Menschen, und er zieht Reichtum an.

14

Das liebe Geld will geliebt sein

Wenn du dir ein Leben in Wohlstand und Fülle wünschst, dann gehört dazu auch das Geld. Was ist Geld? Geld ist eine Ausdrucksform von Energie. Wenn dir diese Energie in nur geringem Maße oder überhaupt nicht zufließt, dann hat dies eine Ursache in deinem Inneren, zum Beispiel in deiner Grundeinstellung dem Leben gegenüber. Bist du dem Leben gegenüber skeptisch, misstrauisch oder verschlossen eingestellt, dann ist es unwahrscheinlich, dass du viel Geld in dein Leben ziehst. Das Geld ist ein Teil unseres Lebens hier auf Mutter Erde. Darum frage ich dich: Liebst du Geld? Kannst du spontan und tief überzeugt sagen: »Ja, ich liebe Geld! Ich liebe es, Geld zu erhalten, und ich liebe es, Geld auszugeben!«? Wenn du es noch nicht liebst, dann mach dir klar, welche anderen Gedanken und Gefühle du dem Geld gegenüber hegst. Vielleicht verachtest du das Geld insgeheim, vielleicht hast du ein schlechtes Gewissen, weil du dir wünschst, mehr Geld zu haben.

Wenn du das Geld nicht liebst, gibt es kaum einen Grund, warum es dir in reichem Maße zufließen sollte. Denn dann lehnst du es auf einer bestimmten Ebene deines Unterbewusstseins ab. Wie würde es sich für dich anfühlen, wenn du jetzt einen Packen mit hundert großen Geldscheinen in der Hand hieltest? Magst du Geld gerne anfassen? Hast du gerne viel Geld bei dir? Wenn nicht, dann stimmt wahrscheinlich etwas nicht in deinem Verhältnis zum Geld. Vermutlich kursieren dann noch einige der alten Glaubenssätze in deinem Kopf, die schon unsere Urgroßmütter vor sich hingebetet haben wie:

- Geld macht nicht glücklich.
- Geld ist schmutzig. (Wasch dir die Hände, wenn du Geld angefasst hast.)
- Geld stinkt.
- Geld verdirbt den Charakter.
- Eher geht ein Kamel durchs Nadelöhr als ein Reicher ins Himmelreich.

Ich lade dich ein: Kläre dein Verhältnis zum Geld und schließe Frieden damit. Lerne, das Geld zu lieben und dankbar dafür zu sein. Geld ist eine äußerst nützliche Angelegenheit, die uns Menschen dabei hilft, Waren und Dienstleistungen von anderen zu empfangen und unsere eigenen in die Welt zu geben. Du klickst zum Beispiel im Internet etwas an, und zwei Tage später liegt etwas in deinem Briefkasten, was dein Leben bereichert; ein Buch, eine CD, ein Flugticket, oder eine neue Matratze steht vor deiner Tür. Ist das nicht wie ein Wunder? Ohne Geld wäre so etwas nicht möglich.

Geld ist weder schlecht, noch ist es gut. Geld *ist* einfach. Es ist eine *Ist*-heit in unserem menschlichen Leben, und zwar eine äußerst nützliche und segensreiche. Was du daraus machst, hängt von dir ab. Genau wie bei dem Vergleich mit dem Küchenmesser. Würdest du das Küchenmesser verurteilen, wenn damit jemand zu Tode kommt? Nein. Aber beim Geld tun dies viele Menschen. Sie verurteilen das Geld als etwas Schlechtes. Vordergründig wünschen sie sich vielleicht mehr Geld, insgeheim lehnen sie es aber als »schlecht« ab. Was du aber tief in dir und oft unbewusst denkst, das zeigt die größte Wirkung in deinem Leben.

Wenn Menschen den Satz hören »Geld macht nicht glücklich«, dann nicken sie innerlich und denken: »Ja, stimmt.« Und sie haben recht. Das Geld ist es bestimmt nicht, was uns glücklich macht. Aber sie bemerken nicht, wie sie gleichzeitig zu dem Gedanken neigen »Geld macht unglücklich«, und das ist aus meiner Sicht nicht wahr. Geld macht uns nie unglücklich, genauso wenig wie die Liebe dazu führt, dass Menschen leiden müssen. Hier wird das Geld verunglimpft, dort die Liebe. Wer aber glaubt, dass Geld unglücklich macht, der sagt dem Himmel deutlich: »Ich will kein Geld haben, denn ich will nicht unglücklich sein.« Auf die gleiche Weise vermeiden es Menschen, sich auf die Liebe und das Lieben einzulassen. Wer glaubt, dass Lieben heißt, auch zu leiden, der lässt sein Herz verschlossen. Aber genau dies tut weh.

Kläre also bitte auch dein Unbehagen in Bezug auf alles, was mit Geld zu tun hat. Was ist zum Beispiel mit den Rechnungen, die du erhältst? Bezahlst du deine Rechnungen mit

Freude? Nein? Warum wohl nicht? Du hast etwas erhalten, dann kommt die Rechnung, und jetzt kneift etwas in deinem Innern. Du bist nicht freudig bereit, dem Geber das Entsprechende zurückzugeben. Ich empfehle dir sehr, in Zukunft deine Rechnungen sofort nach Erhalt zu bezahlen oder zu überweisen, und zwar mit Freude und Dankbarkeit. Freue dich darüber, dass du dir etwas kaufen konntest und dass du das Geld hast, es zu bezahlen; und sei dankbar für dieses Geschenk des Lebens an dich. Danke für den Strom, danke für deine Wohnung, danke deinem Vermieter, danke den Müllmännern, die deinen Abfall abholen, danke den Wasserwerken und dem lieben Gott für das Wasser, das aus deiner Leitung in deine Badewanne fließt, usw.

Geld fließt in unser Leben hinein und es fließt wieder hinaus, wie die Wellen von Flut und Ebbe. Nimm das Geld dankbar an und lasse es dankbar wieder fließen. Öffne dich den Quellen in deinem Leben, aus denen dir Geld und Fülle zufließen, und gibt freudig zurück; freue dich mit deinen Lieferanten und freue dich mit deinen Kunden.

Wie sieht es mit deinem Verhältnis zu den Reichen dieser Welt aus? Kannst du ihnen ihren Reichtum gönnen? Oder herrschen in dir Neid, Missgunst und Verurteilung? Dies haben politisch links eingestellte Menschen oft mit den sogenannten spirituellen Menschen gemeinsam: Sie verurteilen die Reichen dieser Welt. Könnte vielleicht ihre nicht selten chronische Geldknappheit etwas damit zu tun haben? Da ist der Urkölner schon ein Stück weiter mit seiner kölschen Weisheit: »Me mos och jönne könne!« (Man muss auch gönnen können.)

Wenn es in uns denkt, das sei doch nicht gerecht, dass die einen so viel und die anderen so wenig haben, dann hilft uns dieser Gedanke bei dem Wunsch, es möge sich doch mehr Geld in unserem Leben einfinden, nicht weiter: Wir sind hier schon wieder an der falschen Baustelle. Du willst das Geld insgeheim jemand anderem wegnehmen, weil du denkst, der habe zu viel davon und du zu wenig. Und du gibst den Reichen, dem Geld und unserer Wirtschaftsform die Schuld daran, dass es dir nicht so gut geht wie anderen. Daraus kann nichts Gutes erwachsen. Es ist ein Denken in Trennung und Verurteilung, das dich im Außen wie im Innern immer noch tiefer in den Mangel führen muss.

Unsere Außenwelt möchte ebenso wie die Innenwelt unserer Gefühle verstanden werden. Du kannst aber nicht etwas verstehen, was du ablehnst und verurteilst. Das haben die meisten unserer kopflastigen Wissenschaftler bis heute nicht begriffen. Alles in diesem Universum möchte zunächst angenommen und geliebt sein; jeder Zustand, jedes Ereignis, jeder Mensch, jedes Tier, jede Pflanze und jeder Stein. Und so auch das Geld. Denn alles ist Energie. Alles ist Schwingung. Und erst deine Annahme, deine Liebe, dein Staunen, dein bejahendes Betrachten all dessen, was da ist, eröffnet dir die Zusammenhänge und den Sinn hinter allem.

Mein Herz sagt mir: Alles in unserem Leben hat seinen Sinn; auch jeder Konkurs, jede Arbeitslosigkeit, jede Verschuldung, jede Geldknappheit. Fange ich an, dies als sinnlos und schlecht zu betrachten und zu bekämpfen mit dem Wunsch »Ich will das weghaben!«, so können wir meist lange kämpfen, ohne auf einen grünen Zweig zu kommen. Öffne dich dem Gedanken, dass alles in deinem Leben einen guten und tiefen Sinn hat, und du öffnest eine Tür der Erkenntnis. Denn erst dieser Grundgedanke weist dir den Weg zum Erkennen, warum und auf welche Weise du dies oder jenes in deinem Leben erschaffen hast – und wie du es verändern kannst.

GRUNDLEGENDE GEDANKEN:

- Geld ist eine Ausdrucksform von Energie.
- Geld ist weder gut noch schlecht. Geld *ist* einfach. Und es ist eine äußerst nützliche und segensreiche Erfindung, die uns Menschen hilft.
- Wenn du das Geld nicht liebst, gibt es keinen Grund, warum es dir zufließen und bei dir bleiben soll.
- Nimm Geld dankbar an und lass es auch dankbar fließen.
- Gönne den Reichen dieser Welt ihren Reichtum.
- Bezahle deine Rechnungen mit Dankbarkeit und Freude.

15

Tu nichts des Geldes wegen

Die Gedanken vieler Menschen im Mangel kreisen ständig um das knappe Geld und die Frage, wie sie zu mehr Geld kommen könnten. Das ist ein mühseliger und meist frustrierender Weg, der nicht zur Fülle führt. Diese Menschen begreifen noch nicht, warum bei ihnen Geld und Fülle ausbleiben. Wer seine Aufmerksamkeit darauf fokussiert, Geld zu erhalten oder zu mehren, der arbeitet an der falschen Baustelle. Genauso wie immer weniger Kinder wissen, dass unsere Nahrungsmittel nicht bei Nestlé in der Fabrik gemacht werden, sondern von Tieren stammen oder auf Mutter Erde wachsen, so wenig wissen die meisten Menschen über die Quellen des Geldes Bescheid.

Und so paradox es klingen mag: Wenn du dir mehr Geld in deinen Händen wünschst, dann höre auf, dich aufs Geld zu konzentrieren oder dir gar Geld zu wünschen. Es mag vielleicht in dein Leben kommen, vielleicht sogar als Lottogewinn. Aber wird es bei dir bleiben? Und wirst du dich daran erfreuen können? Du hast vermutlich schon gehört, dass mindestens acht von zehn Lottomillionären ihre Million bereits nach einem Jahr wieder verlieren, ohne dass sie ihren Lebensstandard verbessern können. Und warum?

Sie sind innerlich nicht darauf vorbereitet, das Geld zu behalten und es zu mehren.

Der Geldfluss in deinem Leben ist die äußere Folge einer inneren Ursache. Das Gleiche gilt für chronischen Geldmangel, wie ich bereits an vielen Beispielen erläutert habe. Wer sich mehr Geld wünscht, sollte sich innerlich darauf vorbereiten. Wer sich auf Gedanken wie »Ich will mehr oder viel Geld haben« konzentriert, der denkt im Hintergrund: »Ich habe nicht genug Geld. Ich brauche Geld«, und dieser Gedanke im Hintergrund wird weit stärker wirken als der vordergründige Gedanke »Ich will mehr haben«. Das Universum oder das Leben hört immer deinen hintergründigen Gedanken und antwortet darauf: »So sei es!«, oder: »Amen«, was das Gleiche bedeutet. Also führt der Gedanke »Ich brauche Geld!« dazu, dass du es auch morgen noch »brauchst«, das heißt nicht hast.

Neben der großen Quelle »Dankbarkeit«, die ich bereits besprochen habe, ist die vielleicht größte Quelle von Geld und Reichtum die Freude. Freude ist eine wunderbare Energie, und sie zeigt sich in vielfältiger Erscheinungsform, z. B. als Gesundheit, als Schönheit, als Erfolg und so auch in Form von materiellem Wohlstand und Reichtum. Vielleicht denkst du: »Ich kenne aber Menschen, die sich oft freuen, aber dennoch pleite sind.« Wenn du dieses Buch durchgearbeitet hast, wirst du in einem Vier-Augen-Gespräch mit ihnen sehr schnell herausfinden, welche Energie- oder Reichtumsblockade diese Menschen besitzen. Und einige hiervon werde ich auch noch ausführlich besprechen.

Geld folgt der Freude, der wirklich tiefen Freude des Herzens. Denn wer die Freude als Dauergast in seinem Leben beherbergt, der strahlt ständig ein hohes Maß an wunderbarer Energie aus; ein solcher Mensch gibt und empfängt. Er gibt seine Freude hinaus in die Welt, einfach indem er sich freut. Was aber bringt uns in diesen herrlichen Energiefluss, den wir Freude nennen?

Der Schlüssel zur Quelle der Freude ist die Frage: *»Was bringt dein Herz zum Singen?«* Frage also nicht deinen Kopf, sondern befrage dein Herz danach, wonach es sich sehnt, wovon es träumt, was es sich tief im Innern wünscht. Wenn du bisher weitgehend deinem Kopf bzw. deinem Denker gefolgt bist, dann brauchst du eine neue Hinwendung zu deinem Herzen. Das ist keine Einmal-Aktion, es ist eine Lebenshaltung, die du so formulieren kannst: *»Ich will auf die Stimme meines Herzens lauschen und ihr folgen.«* Diese Stimme rät dir oft anderes als dein Kopf. Dein Kopf plädiert zum Beispiel für Sicherheit, weil er der Angst folgt. Dein Herz plädiert dafür, etwas Neues zu riskieren, etwas zu wagen, und möchte dich ermutigen.

Wer zum Beispiel seit zwanzig Jahren in einem Job ist – sagen wir als Lehrer mit Pensionsanspruch oder in welchem Beruf auch immer –, der braucht Mut, seinem Herzen zu folgen und sich zu sagen: »Jetzt bin ich 48 Jahre alt. Wenn ich ehrlich zu mir bin, geht es mir innerlich schlecht. Ich bin ein frustrierter, unglücklicher Lehrer, und dies wirkt sich mittlerweile auf viele Bereiche meines Lebens aus: auf meine Gesundheit, meine Partnerschaft usw. Ich will eine neue Entscheidung treffen!«

Viele haben mich gefragt: »Aber wie erkenne ich, was die Stimme meines Herzens ist?« Deine Herzensstimme kannst du nur erlauschen, wenn du regelmäßig in die Stille gehst und dir Zeit für dich nimmst. Ganz gleich, ob du meditierst oder dein Tagebuch schreibst oder einem guten Vortrag lauschst oder einen Roman liest oder im Wald unter einem Baum sitzt, all das kann dir erleichtern, die Stimme deines Herzens wahrzunehmen. Wünsche dir zunächst aufrichtig, die Stimme deines Herzens zu hören und sie zu verstehen. Dann nimm dir immer wieder Zeit, um zu lauschen. Dein Herz spricht ständig zu dir, aber seine Stimme ist im Vergleich zur Stimme des Verstandes sehr leise. Das Herz spricht in verschiedenen Sprachen zu dir. Und eine seiner schönsten Sprachen ist die Freude. Wann immer du dich wirklich freust, ist dein Herz im Spiel. Erforsche also systematisch, was dir alles Freude machen würde, und dann lebe das auch.

Sorge dafür, dass du jeden Tag Freude hast. Es sind oft die vielen kleinen Dinge, mit denen du dir selbst Freude bereiten kannst. Die meisten Menschen verschieben die Freude in die Zukunft, zum Beispiel auf das nächste Wochenende oder den nächsten Urlaub. Nein, jeder Tag unseres Lebens, jede Stunde möchte und kann in Dankbarkeit und Freude gefeiert werden. Wer für Freude sorgt, verändert seine Energie-Ausstrahlung. Diese Energie zieht Energie ähnlicher Schwingung im Außen an: Freude zieht Freude an, Freude zieht Gesundheit an, Freude zieht Freundschaften an und Freude zieht die Fülle in feinstofflicher wie materieller Form in dein Leben. *»Durch Freude zur Fülle«* könnte eine Kurzformel lauten.

Einer der eindrucksvollsten Texte, die mich selbst aus Zuständen des Mangels in den Zustand innerer und äußerer Fülle gebracht haben, stammt von meiner Lieblingsautorin Safi Nidiaye. Ihre medialen Texte, ganz besonders die aus ihrem Buch »Die Stimme des Herzens« sind von einer spirituellen Tiefe, die auch dein Herz berühren wird.

»Kümmere dich nicht um Geld,
Kümmere dich um die wesentlichen Dinge.
Die wesentlichen Dinge sind Dinge,
die dir am Herzen liegen.
Tue nichts, absolut nichts des Geldes wegen.
Aber tue alles, was dir am Herzen liegt, und tue es ganz.
Wenn du radikal diesem Weg folgst, kommt Geld.«

SAFI NIDIAYE, »DAS BEWUSSTSEINS-ORAKEL«

Ich möchte dich mit Safi Nidiaye zu diesem radikalen Weg einladen: Gehe den Weg deines Herzens in diesem Leben; es ist der Weg der Freude. Wenn dir etwas große Freude macht, dann tue es, ganz gleich, wie viel Geld du heute dafür bekommst. Gehe voll hinein und widme dieser Tätigkeit so viel Zeit und Liebe, wie du nur kannst. Erfreue dich an dir und an dem, was du tust. Diese Saat geht in deinem Leben auf, so wie ein Blumensame am Anfang unsichtbar im Boden wächst und sich später zur prachtvollen Blüte entfaltet. Aber bleibe dir und deinem Herzen treu und höre nicht darauf, was die anderen dir einflüstern wollen. Menschen, die selbst auf Nummer sicher gehen und voller Angst stecken, ängstigen sich, wenn jemand seinen ganz eigenen Weg geht und konsequent seinem Herzen folgt anstatt der angstvollen Stimme seines Verstandes.

GRUNDLEGENDE GEDANKEN:

- Wer seine Aufmerksamkeit darauf fokussiert, Geld zu erhalten oder zu mehren, der arbeitet an der falschen Baustelle.

- Wenn du dir mehr Geld in deinen Händen wünschst, dann höre auf, dich auf Geld zu konzentrieren oder dir gar Geld zu wünschen.

- Neben der großen Quelle »Dankbarkeit« ist die vielleicht größte Quelle von Geld und Reichtum die Freude. Geld folgt der Freude, der wirklich tiefen Freude des Herzens.

- Der Schlüssel zur Quelle der Freude ist die Frage: »Was bringt mein Herz zum Singen?«

- Sorge dafür, dass du jeden Tag Freude hast. Es sind oft die vielen kleinen Dinge, mit denen du dir selbst Freude machen kannst.

16

Arbeit ist sichtbar gemachte Liebe

Viele Menschen in Westeuropa haben ein recht verkorkstes Verhältnis zum Thema Arbeit. Der Massenmensch und mit ihm die Massenmedien, die ja sein Sprachrohr sind, trennen seit Langem zwischen Arbeit und Freizeit. Letztere gilt als angenehm, Arbeit als unangenehm. Wir leben auf die Freizeit hin, wir arbeiten, um unsere Freizeit zu genießen. Dies ist eine völlig verrückte Einstellung zum Leben, mit der weder der Einzelne noch die Gesellschaft auf Dauer erfolgreich und glücklich sein können.

Millionen Menschen haben zusammen mit den Gewerkschaften über Jahrzehnte hinweg immer geringere Arbeitszeiten bei gleicher Bezahlung gefordert. Sie haben die Arbeit hinuntergedacht und die Freizeit hinauf. Der hintergründige Gedanke in vielen Menschen lautet auch heute noch: Je weniger Arbeit, desto besser. Je mehr Freizeit, desto besser. Wer sich auf diese Weise über das Los der Arbeit beklagt, darf sich nicht wundern, wenn der Himmel seinem Wunsch entspricht. Wer das Arbeiten als unangenehmes Los betrachtet und ablehnt, der darf sich nicht wundern, wenn er sie los wird – wenn er arbeitslos wird.

Mit ihrer negativen Einstellung zur Arbeit haben sich viele Menschen von ihrer Natur entfernt und den Schlüssel für Erfolg, Lebensglück und Erfüllung im Leben aus der Hand gelegt. Denn der Mensch ist von Natur aus ein höchst kreatives, erschaffendes Wesen. Unsere Seele blüht auf und unser Herz ist voller Freude, wenn wir erschaffend tätig sind. Wir sind hier auf der Erde, um gemeinsam etwas zu gestalten, und nicht, um auf die Rente hin zu leben und diese dann als Höhepunkt des Lebens zu genießen. Und obwohl die Arbeitsbedingungen der meisten Menschen heute im Vergleich zu 50 oder gar 100 Jahren früher geradezu rosig sind, geht die Mehrheit nicht mit Freude ihrer Arbeit nach.

Wie ist deine Einstellung zur Arbeit? Was denkst du über das Arbeiten und speziell über die Arbeit, der du täglich nachgehst? Bist du mit Freude oder gar mit Begeisterung dabei?

Wer die Arbeit und das Arbeiten nicht liebt, der kann nicht auf dem Weg zur Fülle und einem erfüllten Leben sein. Ich lade dich ein, dein persönliches Verhältnis zur Arbeit gründlich zu überprüfen. Millionen Menschen stehen morgens auf und denken: »Ich muss wieder arbeiten.« Viele andere Millionen, wenn nicht Milliarden in anderen Ländern würden gerne einer bezahlten Arbeit nachgehen, können aber nicht. Eine verrückte Welt. Wer mit dem Gedanken »Ich muss arbeiten« morgens in die Welt geht, fördert den Mangel in seinem Leben. Er läuft mit dem bedrückenden Gefühl der Unfreiheit durchs Leben und wird kaum glücklich aus der Wäsche schauen. Für eine Firma sind Menschen, die so denken und fühlen, nicht viel wert beziehungsweise schaden ihr mehr als sie ihr nutzen. Sie tragen eine Energie in den Betrieb, die zu geringer Produktivität und einem schlechten Betriebsklima führen muss. Und Selbstständige, die so denken, werden es in ihrer Selbstständigkeit nicht weit bringen.

Ganz gleich, welche Arbeit du zurzeit hast, um deine Brötchen zu verdienen, gehe dieser Tätigkeit jeden Tag mit Achtsamkeit, Dankbarkeit und Liebe nach. Selbst wenn du gerade auf einer Autobahnraststätte Toiletten reinigst, ist das möglich. Denn es ist deine Entscheidung, mit welcher Einstellung du morgens aufstehst und durch deinen Tag gehst. Es ist nie die entscheidende Frage, *was* ich tue, sondern *wie* ich es tue, wenn es um innere Zufriedenheit geht. Mache jede Arbeit, die du verrichtest, auch die in deinem Haushalt, das Putzen oder das Aufräumen, so bewusst, mit so viel Liebe und so gut, wie du nur kannst. So wird sich der Charakter dieser Arbeit für dich ändern. Wenn wir eine Arbeit innerlich ablehnen und gedanklich abwerten, wird sich dies negativ auf unsere innere Befindlichkeit auswirken, mit der wir wiederum negative Schwingungen in die Welt aussenden. Diese ziehen wiederum weitere negative Energien in unser Leben. Und so entstehen schnell Abwärtsspiralen, die häufig in Krankheit, Arbeitslosigkeit und anderen Mangelzuständen enden.

Kaum jemand hat so überzeugend für das Arbeiten mit Liebe gesprochen wie der »Prophet« bei Khalil Gibran, wenn er sagt:

»Und was heißt, mit Liebe arbeiten?
Es heißt, das Tuch mit Fäden weben,
die aus euren Herzen gezogen sind,
als solle euer Geliebter dieses Tuch tragen.
Es heißt, ein Haus mit Zuneigung bauen,
als solle eure Geliebte in dem Haus wohnen.
Es heißt, den Samen mit Zärtlichkeit säen
und die Ernte mit Freude einbringen,
als solle euer Geliebter die Frucht essen.
Es heißt, allen Dingen, die ihr macht,
einen Hauch des Geistes einflößen.
Und zu wissen, dass die selig Verstorbenen
um euch stehen und zusehen.

Arbeit ist sichtbar gemachte Liebe.
Und wenn ihr nicht mit Liebe, sondern nur
mit Widerwillen arbeiten könnt,
lasst besser eure Arbeit
und setzt euch ans Tor des Tempels und nehmt Almosen
von denen, die mit Freude arbeiten.
Denn wenn ihr mit Gleichgültigkeit Brot backt,
backt ihr ein bitteres Brot, das nicht einmal den halben
Hunger des Menschen stillt.
Und wenn ihr die Trauben mit Widerwillen keltert,
träufelt eure Abneigung ein Gift in den Wein.
Und auch wenn ihr wie Engel singt und das Singen nicht
liebt, macht ihr die Ohren der Menschen taub für
die Stimmen des Tages und die Stimmen der Nacht.«

Wenn du deine jetzige Tätigkeit nicht mit Begeisterung tun kannst, dann habe den Mut, dir eine erfüllende Arbeit zu wünschen, eine, die dein Herz zum Singen bringt. Das ist keine Frage des Alters oder der Bildung. Spüre hinein, was dich erfreuen, was dich glücklich machen könnte – dein Herz kennt den Weg dorthin. Der erste Impuls, den wir ins Leben schicken können, damit Träume wahr werden, ist der klar ausgesprochene Wunsch, besser die Entscheidung: »Ich entscheide mich und öffne mich für eine neue Arbeit; für eine Arbeit, die mein Herz erfüllt und die auch die materielle Fülle in meinem Leben vermehrt.« Löse dich von dem Denken, dass du »nur noch« zehn Jahre durchhalten musst bis zur Rente. Löse dich von dem Zweifler in dir, der dir einflüstern will, es sei zu spät für eine erfüllende – vielleicht selbstständige – Tätigkeit in deinem Leben. *Fasse Mut zu Neuem, zu ungewöhnlichen Wegen. Folge der Sehnsucht deines Herzens.*

Wenn du einmal aus diesem Körper gehen wirst am Ende dieses Lebens, dann wünsche ich dir, dass du sagen kannst: »Ich habe Mut gezeigt. Ich bin nicht den Weg der Masse, der Lämmer, gegangen, den Weg der Angst. Ich habe mich immer wieder neu entschieden für den Weg, den mein Herz mir wies. Ich kann jetzt gehen mit einem erfüllten und dankbaren Gefühl, mein Leben gelebt und nichts verpasst zu haben. Ich war mir und meinem Herzen treu!« Das ist ein glückliches Sterben, wenn man das sagen kann. Und ich wünsche uns allen, dass wir einmal glücklich aus diesem Körper auf eine andere Ebene gehen können.

GRUNDLEGENDE GEDANKEN:

- Wir haben zwischen Arbeit und Freizeit getrennt. Die Arbeit haben wir abgewertet und die Freizeit aufgewertet.
- Da viele ihre Arbeit nicht lieben, kann auch nichts Gutes daraus hervorgehen.
- Wer seine Arbeit nicht liebt und sie als schweres Los betrachtet, tut alles dafür, dass er sie los wird.
- Der Gedanke »Ich muss arbeiten!« ist nie wahr. Wer zur Arbeit geht, will arbeiten.
- Arbeite mit Liebe und Dankbarkeit. Mache deine Arbeit bewusst und so gut wie möglich. Arbeit ist sichtbar gemachte Liebe.
- Habe den Mut, dir eine Arbeit zu wünschen und zu erschaffen, die dein Herz zum Singen bringt.

17

Mit der Kraft der Väter im Rücken zum Erfolg

Ich bin in meinen Seminaren und Einzelsitzungen vielen Menschen begegnet, die sich anstrengten und besten Willens waren, erfolgreich zu sein, und doch immer wieder gescheitert sind, ob als Selbstständige oder als Angestellte. Wenn du auch zu diesen Menschen gehörst, dann lies dieses Kapitel mehrmals durch. Denn eine der wichtigsten Ursachen für Misserfolg im Leben liegt dort, wo die wenigsten es vermuten: im inneren Verhältnis zum Vater der Kindheit.

Diese Menschen müssen kein schlechtes Verhältnis zu ihrem Vater gehabt haben. Aber die meisten Väter der letzten Generationen in der westlichen Welt sind und waren abwesende Väter. Sie waren im Krieg, sind im Krieg gefallen oder anderweitig früh verstorben, und in den späteren Jahrzehnten waren sie aufgrund ihrer Arbeit die meiste Zeit abwesend. Und auch heutzutage sind viele Väter zwar physisch zu Hause anwesend, aber emotional abwesend. Sie sind nicht wirklich da für die Kinder, beschäftigen sich nicht mit ihnen und entwickeln kein warmes, herzliches Verhältnis zu ihnen. Andere Väter wiederum haben zu ihrer »Prinzessin« ein emotional verstricktes und nicht selten innigeres Verhältnis als zu ihrer Frau. All diese Varianten im

Verhältnis zum Vater der Kindheit können als Ursache für mangelnden Erfolg im Leben wirksam sein. Doch die frohe Botschaft lautet: Dieses Verhältnis lässt sich auch im Nachhinein noch verändern – und zwar grundlegend.

Wer beruflich erfolgreich sein und kraftvoll durchs Leben gehen will, der braucht eine Kraft in seinem Rücken, die ich die väterlich-männliche Kraft nenne. Anders gesagt: Wir brauchen einen Vater, der hinter uns steht und sagt: »Meine Tochter, mein Sohn, ich stehe hinter dir, und meine Kraft und die Kraft aller Väter vor mir begleiten dich.« War der Vater jedoch abwesend oder haben wir ihn damals zutiefst verurteilt, dann kann er heute nicht hinter uns stehen, wenn wir unser Verhältnis zu ihm noch nicht geklärt haben.

Es geht hier um Klarheit, um innere Freiheit und um inneren Frieden zwischen dir und dem Mann, der dich mit deiner Mutter gezeugt hat. Bei sehr vielen Menschen ist das Verhältnis des Kindes in ihnen zum Vater weder geklärt noch friedlich, noch frei, sondern in hohem Maße durch Verurteilung und Verstrickung gekennzeichnet.

Frage dich bitte ehrlich, ob du zu deinem Vater innerlich heute sagen kannst: »Vater, ich danke dir herzlich dafür, dass du mich gezeugt und mir das Leben geschenkt hast. Du warst der beste Vater, der du sein konntest. Ich ehre dich und die Art, wie du dein Leben gelebt hast. Und ich danke dir für dein Erbe, das in mir ist. Und ich verspreche dir: Ich werde das Beste daraus machen, auch dir zu Ehren und zu deiner Freude. Vater, ich bitte dich um deinen Segen. Segne mich und meinen Weg ...« Dies sind Sätze aus einem kraftvollen Klärungs- und Friedensritual, das als Meditations-CD erhältlich ist (Meditations-CD »Der Vater deiner Kindheit – Eine Begegnung mit ihm für Klarheit, Frieden und Freiheit«).

Das Ritual ermöglicht eine innere Begegnung mit dem Vater deiner Kindheit. Mit dieser CD haben bereits viele Hundert Menschen ihr Verhältnis zum Vater ihrer Kindheit komplett verändert und so die Grundlage für Erfolg, Kraft und Fülle in ihrem Leben gelegt.

Ich kann gar nicht genug betonen, wie wichtig dieses innere Verhältnis zum Vater ist. Vielleicht fragst du dich: Und was ist mit der Mutter? Auch das Verhältnis zu ihr ist wichtig, aber unsere Mütter helfen uns, das weibliche Prinzip im Leben zu leben. Dazu gehören das Empfangen, das Vertrauen, das Geschehenlassen, die Hingabe, das Hören auf die innere Stimme usw. Hiervon war schon im Kapitel »Empfangen können« die Rede.

Um erfolgreich unseren beruflichen Weg und Lebensweg zu gehen, brauchen wir die Kraft der Väter, die uns den Rücken stärkt. Über diese Energieverbindung zu ihnen, die durch Anerkennung, Wertschätzung, Dankbarkeit, Annahme ihres Erbes, Ehrung und inneren liebevollen Kontakt zustande kommt, sind wir – Frauen wie Männer – in der Lage, solche männlichen Energien wie Kraft, Willen, Disziplin, Beharrlichkeit, Mut, Durchsetzungsvermögen, Standfestigkeit und Selbstbewusstsein zu entwickeln und anzuwenden. Viele Menschen beklagen einen Mangel an diesen Eigenschaften in sich, obwohl sie besten Willens sind und sich abmühen.

Um diesen Zusammenhang noch besser zu verstehen, lade ich dich zu einem inneren Bild ein. Stell dir bitte vor, im unsichtbaren Bereich stünden hinter dir dein Vater, dahinter deine beiden Großväter, dahinter deine vier Urgroßväter, dann deine acht Ururgroßväter usw. und dahinter alle Männer, die dir in unzähligen Generationenfolgen vorangegangen sind. Tausende von Männern stehen also hinter dir. Schließe einmal die Augen, stelle dir das Bild konkret vor und fühle es. Wie fühlt sich diese Vorstellung an? Angenehm oder unangenehm?

Oder wie Khalil Gibran es so schön formuliert in seinem Text über die Arbeit: *»Und zu wissen, dass die selig Verstorbenen um euch stehen und zusehen.«*

Dies ist kein Fantasiebild, sondern eine innere Wirklichkeit, der du dich öffnen kannst oder nicht. Dass wir biologisch von vielen Generationen vor uns abstammen und deren Erbgut in uns nachgewiesen werden kann, zweifelt heute niemand mehr an. Ich behaupte aber: Alles, was die Männer und Frauen vor uns gelebt und erfahren haben, ist heute als ihr Erbe in uns, und wir sind ihre Fahnenträger.

Wir gehen mit ihrem großartigen Erbe in uns jetzt durch unser Leben, und sie schauen mit Liebe und Hoffnung auf uns – und mit der Frage: »Was machst du jetzt daraus?« Wenn du dir Zugang zur Kraft und Liebe deiner Ahnen verschaffen willst, dann kläre dein Verhältnis zu ihnen, beginnend bei deinem Vater und deiner Mutter. Sie sind das Bindeglied zu all deinen Ahnen.

Vielleicht glaubst du noch an den Tod. Aber in Wirklichkeit gibt es keinen Tod. Niemand deiner Ahnen ist tot. Sie sind sehr lebendig, und sie wünschen sich, dass du liebevoll an sie denkst. Was du in diesem Leben leistest und erschaffst, ist die Fortsetzung ihres Gesamterbes. Mache dir also bewusst, dass du kein isoliertes kleines Menschlein bist, das allein versuchen muss, irgendetwas aus seinem Leben zu machen, sondern dass du sehr kraftvoll und liebevoll unterstützt wirst. Um dir gewahr zu werden, wie es um dein Verhältnis zu deinen Urvätern und Urmüttern steht, empfehle ich dir, eine Begegnung mit ihnen zu suchen (eine hilfreiche Begleitung dazu bietet die Meditations-CD »Befreiende Begegnung mit Urvätern und Urmüttern«).

Jeden Morgen strömen Millionen von Männern und Frauen zu ihren Arbeitsplätzen, und sie glauben, sie tun dies, um ihre Brötchen zu verdienen. Ihr tiefer liegendes Motiv ist jedoch, sich die Anerkennung, das Lob, die Wertschätzung und die Bestätigung von Vorgesetzten zu holen. Das ist nur zu verstehen, wenn wir uns in die Situation der kleinen Jungen und Mädchen, die sie einmal waren, hineinversetzen. Fast alle Väter haben, ob ausgesprochen oder unausgesprochen, Wünsche, Forderungen und Erwartungen an ihre Kinder. In ihren Worten, Gesten und Blicken fordern sie jeden Tag Fleiß, Anpassung, Erfolg von ihnen. Sie wollen stolz auf sie sein. Denn wofür lebt man schließlich?, fragen sie sich. Diese Forderungen – vor allem die der Väter – macht sich das liebeshungrige Kind zu eigen. Es stellt sie sich selbst und beginnt zu ackern und sich abzumühen. Aber den ersehnten Lohn, das große Lob, den Segen des Vaters erhält so gut wie keines dieser Kinder – auch nicht nach zwanzig, dreißig Jahren. Frage dich doch selbst einmal, ist dein Vater je zu dir gekommen und hat gesagt: »Meine Liebe, mein Lieber. Jetzt muss ich dir mal sagen, dass ich sehr stolz auf dich bin. Du hast deinen Weg super zurückgelegt und so viel geschafft. Meinen herzlichen Glückwunsch. Lass uns eine Flasche Champagner aufmachen!«?

Da dies kaum ein Vater je gesagt hat, laufen die Kinder in uns bis heute hungrig durch Leben und rackern sich ab. Sie erhoffen sich den Segen und die Bestätigung von den Ersatzvätern in der Firma, vom Abteilungsleiter, vom Direktor, vom Vorstand. Aber weder Beförderungen noch Gehaltserhöhungen können das hungrige Kind in uns befriedigen. Satt werden können wir nur dann, wenn wir unser inneres Verhältnis zum Vater der Kindheit klären, auch wenn der leibliche Vater bereits gestorben ist, besser gesagt: seinen irdischen Körper verlassen hat.

GRUNDLEGENDE GEDANKEN:

- Die Ursache für Misserfolg im Beruf liegt häufig in einem unklaren, unfriedlichen und verstrickten Verhältnis zum Vater der Kindheit.

- Wer erfolgreich sein will, braucht die Kraft des inneren Vaters und der Urväter in seinem Rücken.

- Das Erbe all deiner Ahnen ist in dir, und du bist ihr Fahnenträger.

- Millionen Menschen gehen Tag für Tag zur Arbeit mit dem inneren Hunger nach Anerkennung und Bestätigung, die das Kind nie erhalten hat.

- Unser inneres Kind kann nur satt werden in der inneren Begegnung mit dem Vater.

18

Wenn das große JA
zum Leben fehlt

Fast niemand von uns hatte das, was man eine »leichte Kindheit« nennt. Denn ein Kind hat noch eine Ahnung vom Paradies, aus dem es kommt, aus einem Zustand vollständigen Geliebtseins und absoluter Freiheit. Hier in diesem Leben kommen wir in eine Welt der Begrenzung, der vollständigen Abhängigkeit und der Angst. Wir treffen auf Menschen, die innerlich verletzte Kinder sind und uns nicht bedingungslos annehmen und lieben können. Viele von uns trafen auf Mütter, die voller Angst oder gänzlich überfordert waren oder schon das Kind in ihrem Bauch ablehnten. Und unzählige Mädchen – ich schätze mindestens zwanzig Prozent von allen – sollten »eigentlich« ein Junge werden. Und die Ablehnung, die ihnen entgegenschlug, spürten sie oft schon vor ihrer Geburt. Das alles tut dem Kind innerlich weh, und es reagiert darauf. Viele von uns haben bereits im Mutterleib den Rückwärtsgang gesucht oder in den ersten fünf, sechs Jahren mit einem großen NEIN zum Leben hier auf dieser Welt reagiert. Wenn wir die Macht dazu gehabt hätten, wären viele von uns als Kleinkinder wieder dorthin gegangen, von wo wir kamen. Denn wir mussten vergessen, dass wir freiwillig herkommen wollten. Unsere Seele wollte bleiben, aber unser Kopf hat NEIN gesagt. Dieses NEIN war ein schöpferischer Akt des Kindes, eine innere Entscheidung, die nicht ohne Folgen blieb und auch den Erwachsenen noch oft in den Knochen steckt. Misserfolg im Leben ist bei vielen Menschen auf dieses frühe NEIN zurückzuführen.

Frage dich einmal ernsthaft: Hast du wirklich das Gefühl, dass du gerne hier bist, in deinem Körper auf dieser Erde, dass du gerne lebst? Kannst du laut und überzeugend sagen: »Ich liebe das Leben und das Leben liebt mich«?

Das NEIN zum Leben ist den meisten von uns nicht mehr bewusst. Wenn wir jedoch nach innen gehen, können wir sehr genau erfahren, wo und wie wir uns für dieses »Nein« entschieden haben. Rückführungen in die Kindheit oder in den Mutterleib sind hierfür wunderbare Hilfsmittel (siehe dazu die Meditations-CD »Befreie und heile das Kind in dir«). Das innere NEIN zum Leben wirkt auf unseren beruflichen Erfolg und auf unser Lebensglück wie Sand im Getriebe eines Motors. Unser Lebensmotor läuft nicht rund. Wir sind dann nicht wirklich mit ganzer Kraft hier auf Mutter Erde. Wir sind, wie man heute sagt, nicht wirklich geerdet; wir stehen nicht mit beiden Beinen fest auf dieser Erde und gehen nicht kraftvoll unseren Weg. Viele Menschen haben als körperliche Folge davon sogar orthopädische Probleme mit ihren Beinen oder Füßen und daher mit dem Gehen und Stehen. Das sind oft Auswirkungen dieser frühkindlichen Entscheidung und Lebenseinstellung, die uns heute nicht mehr bewusst ist.

Um ein Beispiel für die Macht der Gedanken zu geben, die wir als Kind gedacht haben: Viele von uns haben als Kind oder Jugendlicher den Satz gehört: »Lass dich nicht so gehen!« Und diesen Satz haben wir in uns zu einer Entscheidung umformuliert, die heißt: »Ich darf mich nicht gehen lassen!« Wenn dieser Satz verinnerlicht wird, hat er nicht nur im übertragenen Sinn einen hemmenden Fluss auf das Gehen unseres Lebenswegs, sondern häufig auch Folgen für unseren physischen Gehapparat, auf Knochen und Gelenke. Manche Probleme in Knie- und Hüftgelenken können auf solche in der Kindheit getroffenen Entscheidungen zurückgeführt werden.

Durch unser NEIN zum Leben hier auf dieser Erde haben wir uns von einer starken Verbindung, von den inneren Wurzeln zu Mutter Erde abgeschnitten, die uns ständig mit Kraft, feinstofflicher Nahrung und Liebe versorgen und uns einen Halt geben will. Viele von uns haben das Gefühl, dass sie eher durch ihr Leben stolpern oder sich zumindest sehr unsicher vorantasten. Und zu Recht sagen wir über manche in unserem Umfeld: »Der kriegt kein Bein auf die Erde.«

Wenn du auch zu diesen Menschen gehörst, empfehle ich dir, deinen Kontakt zu Mutter Erde zu intensivieren und in deinem Bewusstsein zu stärken, das heißt, dich mehr und mehr zu erden. Das ist auf verschiedene Weise möglich: Spaziergänge in der Natur, im Wald oder in den Bergen, Meditationen wie die von mir gesprochenen »Reisen in Baum und Mutter Erde« sowie alles, was deinen Kontakt zum eigenen Körper und zu Mutter Erde verstärkt, wie z. B. Sport, Massagen, Sex und gesundes Essen.

Stell dir das ganze Leben einmal als einen großen, breiten Fluss vor, und alle Menschen befinden sich in diesem Fluss des Lebens. Am Rand fließt er langsam und gemächlich, an manchen Stellen scheint er fast stehen zu bleiben, aber in der Mitte ist es ein starker, mächtiger Strom. Frage dich doch einmal: Wo, glaubst du, hältst du dich in diesem Fluss auf, eher in der Mitte oder am Rande? Die meisten Menschen lassen sich am Rand des Lebensflusses treiben. Am liebsten würden sie ihn oft anhalten, gegen ihn anschwimmen oder gar aussteigen. All ihre inneren NEINs veranlassen sie, sich am Rand des Lebensflusses herumzudrücken. Dieser Widerstand und dieses Festhaltenwollen kosten jedoch viel mehr Kraft als das Loslassen und die Hingabe an den Fluss des Lebens. Ich wünsche dir von ganzem Herzen, du mögest den Mut finden zu einem kraftvollen JA zu dir selbst, zum Leben und zum Vertrauen in das Leben, das es nur gut mit dir meint. Löse dich vom Rand und schwimme in die Mitte des Flusses, und du wirst merken, dass du schwimmen kannst und dass du getragen wirst. Habe den Mut, denn du hast nichts zu verlieren.

Was kannst du tun, wenn du spürst, dass du hiervon betroffen bist und dieses NEIN in dir selbst spürst?

Als Erstes lade ich dich ein, nach innen zu gehen und deine Verantwortung für die Entscheidung von damals zu übernehmen, sie zu segnen und anzuerkennen und dich für die Erfahrungen zu bedanken, die du aufgrund dieser Entscheidung gemacht hast. Und dann entscheide dich neu, zum Beispiel mit den kraftvollen Worten: *»Heute bin ich bereit, meine ganze Verantwortung zu übernehmen, für alle Entscheidungen meines Lebens, insbesondere für alle NEIN-Entscheidungen, die ich mir selbst und dem Leben gegenüber getroffen habe. Ich würdige und segne diese Entscheidungen und alle Erfahrungen, die ich hierdurch gemacht habe – und ich entscheide mich heute neu: Ich entscheide mich heute für ein kraftvolles JA, für ein JA zu mir selbst und zu meinem Körper, für ein klares JA zu mir als Frau oder als Mann, für ein kraftvolles JA zu meinem Leben hier auf dieser Mutter Erde. JA, ich will leben, und ich öffne mein Herz für die Liebe zu mir selbst und die Liebe zum Leben. So sei es und so ist es!«*

Wenn du diese Worte laut aussprichst, spürst du sofort, wie dein Inneres und auch dein Unterbewusstsein darauf reagieren; das heißt, du spürst ganz deutlich, wie sehr dein ganzes inneres Wesen schon hinter diesen Worten steht. Praktiziere dieses Ritual eine Zeit lang in Abständen von ein paar Wochen. Du findest eine Begleitung dazu auch als Teil der oben genannten Meditation auf der CD »Befreie und heile das Kind in dir«.

- Viele von uns haben zu Beginn ihres Lebens ein NEIN zu diesem Leben in ihrem Körper gedacht oder gesagt, ein NEIN, das ihnen heute nicht mehr bewusst ist.
- Das damals gefällte NEIN zu diesem Leben ist für viele Misserfolge im Laufe unseres Lebens verantwortlich und wirkt auch nach Jahrzehnten noch ungebrochen weiter, wenn es nicht bewusst gemacht und zurückgenommen wird.
- Triff eine neue Entscheidung; entscheide dich für ein grundlegendes JA zu deinem Leben.

19

Je heiliger, desto ärmer?

Warum spirituelle Menschen oft erfolglos sind

Vielleicht ist dir auch schon aufgefallen, dass Menschen, die sich für Spiritualität interessieren oder sich »spirituell« nennen, oft wenig Geld besitzen, nicht selten verschuldet sind und im beruflichen oder geschäftlichen Bereich keinen Fuß auf die Erde bekommen, das heißt, erfolglos bleiben. Gehörst du auch dazu? Dann erforsche, welche der folgenden Gründe hierfür in dir wirksam sind.

Viele Menschen pflegen noch immer ein trennendes Denken zwischen materiellen und geistigen Dingen und bewerten die ersten niedriger als die letzten. Sie halten die materiell-irdischen Dinge wie Geld oder Güter für weniger wert als die geistigen Prozesse oder die inneren Tugenden. Sie wertschätzen vieles nicht, was zu unserem menschlichen Leben hier auf der Erde gehört, und verurteilen es stattdessen. Das betrifft neben dem Geld häufig auch den menschlichen Körper und die Sexualität. Mit Geld und mit Sex haben unzählige Menschen ihre Probleme, weil sie innerlich NEIN dazu sagen. Hier haben in den vergangenen Jahrhunderten die Vertreter von Kirchen und Glaubensgemeinschaften ganze Arbeit geleistet, und auch buddhistische Lehrer blasen in das gleiche Horn, wenn sie predigen: »Wünsche sind deine Fesseln.«

Es geht im Leben natürlich nicht darum, sich möglichst viele Dinge unter den Nagel zu reißen und zusammenzuraffen, es geht nicht um einen Wettbewerb um die meisten Besitztümer. Aber es gehört aus meiner Sicht zum Sinn unseres Lebens hier in der westlichen Welt, unsere Talente einzubringen und damit zum Wohle aller einen Lebenserfolg zu erzielen, wie auch immer der Einzelne diesen Erfolg definieren mag. Die meisten von uns würden gerne in einem schönen Haus wohnen und ein schönes Auto fahren. Wer lieber ausschließlich Fahrrad fährt, kann das gerne tun, aber er darf sich fragen, was er dabei im Innern über die Autofahrer denkt und fühlt. Wer meint, es sei schon ein Zeichen von Tugendhaftigkeit, finanziell am Existenzminimum herumzukrebsen, darf das ruhig glauben. Aber er sollte sich dann auch ehrlich fragen, was er gegenüber den Reicheren dieser Welt denkt und fühlt und welchen Beitrag er mit seiner Lebensweise zum Wohl der Gemeinschaft beisteuert.

Weder Geld noch Wohlstand, noch Reichtum haben irgendetwas Anrüchiges an sich. Das Anrüchige findet in den Köpfen der Menschen statt, die das Materielle ablehnen und negativ bewerten. Diese Welt wird nicht dadurch besser, dass wir Reichtum verurteilen oder jedem den gleichen Lohn zahlen, unabhängig von dem, was er in das Leben und in die Gemeinschaft an Kreativität und Einsatz einbringt.

Spirituelle Menschen sind oft voller offener oder subtiler Vorurteile gegenüber denen, die in ihren Augen nicht spirituell ausgerichtet sind, die aber Erfolg im Leben haben. Daher halten sie sich vielfach selbst für etwas Besseres, für fortgeschrittener auf dem spirituellen Weg. Mit Liebe oder mit Spiritualität hat das allerdings nichts zu tun. Gleichzeitig sind sie oft nicht in der Lage, mit einem guten Gefühl von anderen Menschen einen angemessenen Lohn für ihre eigenen Leistungen zu verlangen. Sich vor die Welt hinzustellen und zu sagen: »Schaut, das kann ich und das biete ich euch an! Und das ist mir soundsoviel wert«, damit haben viele »spirituelle« Frauen wie Männer noch große Probleme.

Wenn solche Menschen liebevoll forschend nach innen gehen, finden Sie lange verdrängte Gefühle wie Schuld, Scham, Neid und Eifersucht, verbunden mit Wut und Ohnmacht und einem niedrigen Selbstwertgefühl. Oft sind diese Menschen in ihrem tiefsten Innern voller Selbsthass.

Ich lade jeden ein, der hiervon betroffen ist, solche Gefühle in sich liebevoll wahrzunehmen und sich ihnen zu stellen, das heißt, sich Zeit einzuräumen, um sie bejahend fühlen zu lernen. Das Ignorieren und Verdrängen solcher Emotionen führt zu weiteren Mangelerscheinungen im Leben – innen wie außen. Überprüfe all deine Gedanken in Bezug auf Geld, Reichtum, Fülle und Erfolg, die du gelernt bzw. von anderen übernommen hast, ob von deinem Pfarrer, deiner Mutter oder deinem Guru. Gott hat die Fülle erschaffen, damit wir ihrer gewahr werden und aus ihrer

Quelle in uns schöpfen und sie genießen – in vollen Zügen. Wer glaubt, er dürfe nicht genießen, weil an anderen Stellen der Welt bittere Armut herrscht, der tut diesen Armen keinen Gefallen damit und lügt sich selbst etwas in die Tasche. Die Erfolgreichen dieser Welt haben die besten Voraussetzungen und die meisten Mittel, andere in ihrem materiellen Sein zu unterstützen und zu fördern. Und sehr viele tun dies. Das haben in den letzten Jahren Bill Gates, Herbert Grönemeyer und viele andere bewiesen.

Genauso wenig nutzt es anderen, wenn du dein Licht und deine Talente unter den Scheffel stellst, weil du Angst hast, was andere über dich denken könnten. Du tust anderen keinen Gefallen damit, im Gegenteil. Denn du enthältst ihnen die Geschenke vor, die Gott dir mitgegeben hat, damit du sie weitergibst an die Welt, damit sich viele daran erfreuen können und davon inspiriert werden. »Es dient der Welt nicht, wenn du dich klein machst. Sich klein zu machen, nur damit sich andere um dich herum nicht unsicher fühlen, hat nichts Erleuchtetes.« Dieses Zitat stammt übrigens nicht von Nelson Mandela (wie viele glauben), sondern von der amerikanischen Priesterin Marianne Williamson, und findet sich in ihrem wunderbaren Buch »Rückkehr zur Liebe«.

Wer eine christliche Erziehung genossen hat, in dem denkt »es« mit hoher Wahrscheinlichkeit noch Gedanken, die ihn daran hindern, in seine ganze Größe zu gehen und erfolgreich zu sein. Wer gelernt hat zu beten: »Durch meine

Schuld, durch meine Schuld, durch meine übergroße Schuld« oder »Ich bin nicht würdig, dass du eingehst unter mein Dach«, in dessem Innern sitzen bis heute Schuld-, Scham- und Minderwertigkeits-Energien, denn diese kennen keine Zeit und keinen Raum.

Heilige Menschen werden in den Kirchen bis heute fast immer als abgemagerte, mit Lumpen bekleidete Gestalten dargestellt und als solche verehrt, ob Jesus oder der heilige Franziskus. Es ist daher kein Wunder, dass sich viele christlich erzogene Menschen – nach ihrer Enttäuschung von den Kirchen (und ihrer anschließenden Verurteilung) – später bei buddhistischen Lehrern wiederfinden, die dasselbe Lied von Besitzlosigkeit, Armut und Askese singen.

Auch das, was wir in anderen Leben erfahren und erschaffen haben, bleibt in seiner Wirkung bis in unser gegenwärtiges Leben ungebrochen und hat großen Einfluss auf unser Wohlergehen. So wundert es nicht, dass viele Menschen, die heute in materiellen Mangelzuständen leben, oft noch unter dem Einfluss von Schwüren und Gelübden stehen, die sie in anderen Leben abgaben. In früheren Zeiten haben unzählige Menschen Armuts-, Keuschheits- und andere Gelübde abgegeben, weil sie glaubten, dadurch Gott zu gefallen und von ihm dafür belohnt zu werden. Wenn Gott eine Person wäre, hätte er dafür vielleicht ein müdes Lächeln übrig. Wenn du das Gefühl hast, dass du in deinem Unbewussten solche Barrieren gegen ein Leben in Wohlstand, Fülle und Erfolg aufgebaut haben könntest, dann solltest du dir das in einer Rückführung einmal anschauen und diese Barrieren auflösen. Hierfür empfehle ich dir u. a. meine Meditations-CD »Mich von alten Begrenzungen befreien«.

GRUNDLEGENDE GEDANKEN:

- Viele Menschen pflegen immer noch ein trennendes Denken zwischen materiellen und geistigen Dingen und bewerten die ersten niedriger als die letzten.
- Menschen, die sich für »spirituell« halten, werten die materielle Seite des Lebens oftmals ab und erschaffen sich damit Geldmangel, Misserfolge und Schulden.
- Schuld, Scham, Neid, Eifersucht und Wut sind nicht selten die verdrängten Emotionen in Menschen, die zu Fülle und Reichtum NEIN sagen und dies noch für spirituell oder fortschrittlich erklären.
- Es gehört aus meiner Sicht zum Sinn unseres irdischen Lebens, unsere Talente in die Welt zu bringen und damit zum Wohle aller Lebenserfolg zu erzielen.
- Die Erfolgreichen dieser Welt haben die besten Voraussetzungen und die meisten Mittel, andere in ihrem materiellen Sein zu unterstützen und zu fördern. Und sehr viele tun dies.
- Auch Schwüre und Gelübde aus früheren Leben können die Ursache für Mangelzustände in diesem Leben sein.

20

Schick deinen inneren Kritiker und Druckmacher in Rente

Die meisten Menschen leben nicht ihr eigenes Leben. Sie leben das Leben anderer, weil sie sich keine eigenen Gedanken gemacht haben, wozu und wie sie ihr Leben anders leben könnten. Jeder von uns wird als ein unverwechselbares Original geboren, und die meisten von uns sterben als Kopie. Warum? In den ersten zehn Jahren unseres Lebens, für viele in den ersten 20 Jahren, findet bei so gut wie allen Kindern der westlichen Welt eine Art Gehirnwäsche statt. Kinder zeigen eine Vielfalt eigener Impulse und Ideen, werden aber systematisch daran gehindert, diese in die Realität umzusetzen. Wir Erwachsene glauben zu wissen, was für ein Kind gut ist. Die meisten Eltern wollen zwar das Beste für ihr Kind, können es ihm aber nicht geben: nämlich bedingungslose Annahme und Liebe. Stattdessen konfrontieren sie das Kind täglich mit einer Unzahl an Erwartungen, Wünschen, Forderungen, Geboten und Verboten. Sie glauben, dem Kind damit zu dienen. Wären sie ehrlich zu sich selbst und würden sich ihr eigenes Unglücklichsein in dieser Welt eingestehen, würden sie sehen, dass sie genau das an das Kind weitergeben: eine Denk- und Lebensweise, wie man sich unglücklich macht. Wir Erwachsene sind gegenüber Kindern von einer ungeheuren, uns unbewussten Arroganz erfüllt, denn wir glauben genau zu wissen, wo es langgeht. Wir können jedoch unsere Kinder nicht glücklicher machen, als wir selbst es sind.

Kinder sind physisch und insbesondere psychisch vollständig abhängig von ihren Eltern und aufgrund dieser Unfreiheit gezwungen, die Gedankenwelt der Eltern zu übernehmen. Das nenne ich eine Gehirnwäsche. Eltern wie Kindergärtner wie Lehrer konfrontieren das Kind in ihrer Kommunikation zu über siebzig Prozent mit Negativbotschaften: Es hagelt Kritik, Forderungen, Bestrafungen, Korrekturen, und Lob wird vorenthalten. Sie fokussieren auf das Negative. Ein Kind kann hieraus nur eine Schlussfolgerung ziehen, und die lautet: »So wie ich bin, bin ich nicht in Ordnung. Ich bin falsch. Denn wenn ich richtig wäre, würden mich die Erwachsenen nicht dauernd kritisieren, sondern mich gut finden.« Das Kind übernimmt das kritische Denken der Erwachsenen und wird zum Selbstkritiker. Es züchtet in seinem Innern einen Runterzieher, Druckmacher, Miesmacher, Boykotteur und Destrukteur. Vielleicht klingt das in deinen Ohren übertrieben, doch ich kann dir versichern: In jedem meiner »Pinke, Kohle, Mäuse«-Seminare können über neunzig Prozent der Anwesenden diese inneren Figuren sehr klar in sich selbst wiederfinden, und sie sind ihnen äußerst vertraut.

Darum gehe ich davon aus, dass auch in dir solch eine innere Figur existiert, die ihr Unwesen treibt und die du einmal selbst erschaffen und genährt hast. Du hast ihr den

Auftrag gegeben, dir Druck zu machen und dich anzutreiben, dich zu kritisieren und nie wirklich mit dir zufrieden zu sein. Sie soll nach deinem Wunsch von damals immer noch etwas finden, das noch nicht genug ist. Und sie soll dir einflüstern, dass du es eigentlich nicht verdient hast, erfolgreich zu sein oder »es« zu schaffen, weil du ja schon soooo viele Fehler gemacht hast usw. Diesen inneren Druckmacher kannst du auf einfache Art kennenlernen – und dann »entlassen« mithilfe meiner Meditations-CD »Schluss mit Hetze, Druck und Stress«.

Fast alle, die diese Meditation praktiziert haben (ich empfehle, das ein paar Monate lang zwei- bis dreimal pro Monat zu tun), berichten, dass es dieser inneren Gestalt inzwischen sehr schlecht geht und dass sie schon lange genug hat von dem Job, den sie ihr vor langer Zeit gegeben haben. Sie ist müde, überlastet, unglücklich und ausgelaugt und freut sich sehr darüber, dass du sie jetzt in Rente schickst. Auch bei diesem dich befreienden Akt geht es um Annahme und Wertschätzung deiner früheren Schöpfungen. Diesen Druckmacher und inneren Kritiker hast du selbst erschaffen, und er hat dir gedient. Wie all deine Schöpfungen wünscht er sich deine Liebe und Anerkennung und deinen Dank. Wenn du ihm dies mit offenem Herzen (nicht nur mental) entgegenbringst und ihn liebevoll aus deinen Diensten entlässt, verwandelt sich in dir Entscheidendes in Richtung Leichtigkeit, Gelassenheit, Selbstannahme und Wertschätzung deines bisherigen Weges.

Grundlegende Gedanken:

- Das, was man in der westlichen Welt »Erziehung« nennt, ist im Wesentlichen eine Gehirnwäsche.

- Eltern, die selbst nicht glücklich sind, zeigen ihrem Kind mit ihrer Erziehung, wie man sich unglücklich macht.

- Die meisten Botschaften, die ein Kind von Eltern, Erziehern und Lehrern erhält, sind kritische, negative Botschaften über das, was es nicht sein soll.

- Das Kind übernimmt das kritische Denken der Erwachsenen über sich und wird zum Selbstkritiker.

- Der einmal in uns gezüchtete Selbstkritiker treibt so lange sein Unwesen, bis wir ihn uns bewusst machen und ihn in Liebe entlassen.

21

Mach dein eigenes Ding

Ich frage dich: Lebst du heute das, was dich glücklich macht? Bist du mit der Arbeit, falls du einer nachgehst, glücklich? Ist es das, was du wirklich tun willst? Wenn das nicht der Fall ist, dann stell dir bitte die Frage: Warum ist das wohl so? Und lausche auf deine inneren Antworten; schreibe einen Text mit der Überschrift » *Warum ich glaube, nicht glücklich zu sein* « und notiere dazu alles, was dir in den Sinn kommt. Denke nicht lange darüber nach, sondern schreibe einfach alle Gedanken auf, die dir spontan in den Sinn kommen. Das ist eine sehr gute Übung, die dir hilft, Unbewusstes bewusst zu machen.

Nur wenige Menschen verbringen ihre Zeit mit einer Tätigkeit, die sie ausfüllt, die ihr Herz zum Singen bringt. Die meisten glauben, es sei ein Glücksfall, wenn das jemand von sich behaupten könne, z. B. ein Sänger, Schauspieler oder ein Clown. Wenn du heute einem Beruf nachgehst, frage dich noch einmal, warum du ihn damals ergriffen hast. Bei vielen Menschen gaben Vernunftgründe den Ausschlag für ihre Entscheidung. Sie folgten ihrem Verstand anstatt ihrem Herzen. Sie fragten sich, welcher Beruf wohl eine gute Zukunft habe, und studierten Betriebswirtschaft oder wurden Informatiker, Lehrer, Arzt,

Manager oder Krankenschwester. Die wenigsten Menschen in diesen – wie in anderen Berufen – wirken jedoch gesund, glücklich und erfüllt von dem, was sie tun. Andere sind den Stimmen der Eltern gefolgt. Waren die Eltern selbstständig, so drängten diese oft subtil oder offen, doch einmal den elterlichen Betrieb zu übernehmen. Andere Kinder entscheiden sich unbewusst, das zu werden, was Mutter oder Vater gerne geworden wären. Sie leben die Träume anderer, aber nicht ihre eigenen.

Daher leben die meisten Menschen ein Leben als Kopie, weil sie sich nie die Zeit und den Mut genommen haben, zu erforschen, was ihr Herz ihnen in Bezug auf Leben, Beruf, Beziehungen, Wohnort usw. rät. Ja, viele wissen nicht einmal, dass es in ihnen eine Instanz gibt, die das alles schon lange weiß, was sie zutiefst glücklich machen würde. Ich frage dich: Was würdest du machen, wenn du völlig frei wärst in deiner Entscheidung? Wenn du niemanden fragen müsstest, niemanden zu versorgen und genug Geld hättest, um alle deine Wünsche zu erfüllen? Was würdest du dann beruflich tun wollen? Was wäre das, was ist dein Traum? Habe den Mut, einmal in dieses Szenario einzusteigen, die Augen zu schließen und dich – ganz bewusst – in ein Traumleben hineinzuträumen. Finde heraus, wohin dein Herz dich führen möchte, und höre nicht auf deinen inneren Kritiker, der dir einzuflüstern versucht: »Dafür bist du heute zu alt, zu arm, zu untalentiert, zu blöd, zu gebunden usw.«

Jeder von uns wird in diese Welt hineingeboren mit Begabungen, Talenten und Neigungen. Die meisten wertschätzen diese jedoch nicht genug und machen sich nicht bewusst, was sie alles können bzw. was sie alles zur Entfaltung bringen könnten. So wie ein herrlicher Wald am Anfang auch nur aus Samen besteht, die für menschliche Augen kaum sichtbar sind, so erwuchs auch der sichtbare Erfolg eines erfüllten Lebens, eines erfolgreichen Unternehmens oder eines künstlerischen Werkes am Anfang aus einem Samen namens Sehnsucht.

Tief in unserem Inneren gibt es einen Drang nach etwas Neuem und nach etwas Eigenem. Du selbst bist ein echtes Unikat, einzigartig unter derzeit 7,28 Milliarden menschlichen Unikaten. Und dieses Einzelstück, das du bist, trägt in sich eine Energie, einen Impuls, etwas Bestimmtes in die Welt zu bringen, aus sich herauszugeben. Dieser Impuls ist auch in dir, sonst würdest du dieses Buch nicht in die Hand nehmen. Etwas treibt dich, und dieses Etwas möchte wie ein Trieb aus dir heraus- und in die Welt hineinwachsen. Jeder Mensch möchte etwas ganz Eigenes in die Welt geben, weil wir etwas ganz Eigenes sind. Wenn wir dieses ganz Eigene in uns finden, jubelt unser Herz – und wir besitzen den Schlüssel zum Glück.

Ich lade dich ein: Finde dein Eigenes in dir! Erforsche dein Inneres, höre auf Impulse, folge der Sehnsucht deines Herzens und mach in diesem Leben hier dein ganz eigenes Ding. Lerne einen neuen Beruf, lege einen Garten an, fange an, Klavier zu spielen, kümmere dich um Menschen, Tiere, Pflanzen oder Steine – was immer dir liegt. Grabe deine Kinder- und Jugendträume aus und sieh zu, in welcher Form du sie heute leben kannst. Mache etwas, was du noch nie gemacht hast, wonach dein Herz sich aber sehnt.

Höre auf, Kopie zu sein und nach links und rechts zu blicken. Du bist nicht hier, um die Erwartungen anderer zu erfüllen, auch nicht die Erwartungen und Wünsche deiner Eltern! Gib ihnen diese Energien zurück. Sie gehören zu ihnen und haben mit dir nichts zu tun. Ihre Erwartungen waren Übungsmaterial für dich, damit du unterscheiden lernst zwischen dem, was andere wollen, und dem, was du selbst willst. Und dies musst du dann auch durchziehen.

Lebe dein eigenes Leben und sei du selbst – ganz gleich, wie andere darüber sprechen und denken. Horche nicht auf den Applaus der Menschen, sondern nur auf den Applaus deines eigenen Herzens. Rück ab von der Masse der Schafe, die vergessen haben, dass sie einmal als Löwe geboren wurden, dann aber das Blöken und das Mitlaufen gelernt haben. Lebe ein von der Masse abgerücktes, das heißt verrücktes Leben und mache keine Kompromisse mehr mit deinem Herzen. Und wenn du sie hin und wieder doch machst, dann verurteile dich nicht dafür, sondern verzeihe dir, aber halte den Kurs deines Herzens.

In den Bänden »Gespräche mit Gott« von Neale Donald Walsch heißt es hierzu sehr schön:

»Die Menschen,
die sich ihren Lebensunterhalt
mit der Tätigkeit verdienen, die sie lieben,
sind die, die darauf bestehen.

Sie geben niemals auf,
machen keine Kompromisse.
Sie gestatten dem Leben nicht,
sie nicht das tun zu lassen, was sie lieben.

Geh und tue, was du wirklich zu tun liebst –
und nichts anderes!
Du hast so wenig Zeit.«

GRUNDLEGENDE GEDANKEN:

- Die meisten Menschen leben ein Leben als Kopie, weil sie sich nie die Zeit und den Mut nahmen, zu erforschen, was ihr Herz ihnen in Bezug auf Leben, Beruf, Beziehungen, Wohnort usw. rät.
- Jeder Mensch möchte etwas ganz Eigenes in die Welt geben, weil wir etwas ganz Eigenes sind. Wenn wir dieses ganz Eigene finden, jubelt unser Herz – dies ist ein Schlüssel zum Glück.
- Du bist nicht hier, um die Erwartungen anderer zu erfüllen, auch nicht die Erwartungen und Wünsche deiner Eltern.
- Finde dein Eigenes in dir! Erforsche dein Inneres, höre auf Impulse, folge der Sehnsucht deines Herzens und mach dein ganz eigenes Ding. Verwirkliche deine Sehnsüchte und Talente hier in diesem Leben.

22

Durch Frieden zur Fülle

Wer in Leichtigkeit zu einem glücklichen Leben samt Erfolg, Fülle und Erfülltheit gelangen will, der darf sich all seine Beziehungen zu den Menschen seiner Gegenwart und Vergangenheit anschauen. Die große Bedeutung des Friedens mit dem Vater und der Mutter der Kindheit habe ich bereits hervorgehoben. Ich lade dich ein, systematisch zu erforschen, wie du zu all den Menschen stehst, mit denen du im Laufe deines Lebens näheren Kontakt hattest oder auch heute noch hast, seien es deine Geschwister und alle anderen Verwandten, deine ehemaligen Mitschüler, deine Lehrer, dein heutiger Chef und deine Ex-Chefs, Kollegen und Ex-Kollegen, dein Partner und insbesondere deine Ex-Partner, deine Nachbarn und Ex-Nachbarn usw. Erfasse einmal schriftlich all diese Personen und frage dich, mit wem du bis heute in deinem Innern noch nicht ganz im Reinen bist.

Von vielen Menschen haben wir uns in der Vergangenheit verletzt gefühlt, sei es weil sie unsere Erwartungen enttäuscht, uns verlassen, betrogen oder belogen oder lieblos behandelt haben. Und umgekehrt gibt es auf unserem Weg zahlreiche Menschen, denen wir selbst nicht liebevoll begegnet sind, über die wir schlecht gedacht und geredet haben und die wir verurteilt und nicht so angenommen haben, wie sie sind. Viele von uns laufen ständig mit einer negativ-kritischen Einstellung gegenüber anderen Menschen durchs Leben – und merken gar nicht, dass sie mit sich selbst im Unreinen sind.

Andere Menschen sind uns eine große Hilfe dabei, mit uns selbst und dem Leben ins Reine zu kommen und dadurch für die Geschenke des Lebens empfangsbereit zu werden. Das Leben will dich und jeden anderen täglich beschenken mit materiellen wie feinstofflichen Geschenken: mit Freude, Freundlichkeit, Liebe, Mitgefühl und vielem anderen mehr. Aber die Türen und Fenster unseres Hauses sind verschlossen, sodass nichts oder nur wenig von all den Schätzen hineingelangen kann. Wenn wir unser Haus wieder öffnen wollen, wenn wir wieder empfangsbereit werden wollen, dürfen wir uns um den Unfrieden in uns und die damit verbundenen inneren Baustellen kümmern. Lösen wir die Baustellen in uns auf, so verändert sich unsere gesamte Energieausstrahlung, und Geben und Empfangen kommen in Fluss. Jeder Mensch, mit dem du bis heute nicht in Frieden, Dankbarkeit und Wertschätzung verbunden bist, ist eine deiner Baustellen. Sie tragen mit dazu bei, dass es dir in deinem Leben an diesem und jenem mangelt, sei es an Geld und Wohlstand oder an Freude und Gesundheit.

Unseren ganzen Lebenslauf als Mensch können wir als einen Weg aus einem Zustand des Mangels zu einem Zustand der Fülle betrachten, und das bedeutet im Einzelnen:

aus Unfrieden in Frieden, aus Unklarheit in Klarheit, aus Verstrickung und Abhängigkeit in Freiheit, aus der Angst in die Liebe. Wie erschaffen wir Frieden in uns und mit allen anderen? Durch zwei Dinge: durch Verstehen und durch Vergeben. Wir können rückblickend verstehen, wie wir uns als im Innern verletztes Kind mit anderen verletzten Kindern verstrickt haben, dann enttäuscht wurden und dem anderen die Schuld gaben. Zum Beispiel begegnen sich Männer und Frauen, die sich im Innern nach Liebe sehnen: Sie stürzen sich aufeinander und wollen vom anderen haben, haben, haben. Und wenn der andere das Erwartete nicht geben kann, sind sie verletzt und beleidigt und ziehen sich schmollend und verurteilend zurück. So etwas geschieht jeden Tag. Andere Menschen – unter anderem viele Mütter – opfern sich jahrzehntelang für ihre Liebsten auf, kümmern sich aber nicht um ihr eigenes Wohl und sind am Ende frustriert und verbittert; sie fühlen sich leer und ausgebrannt und vom Leben betrogen. Solche Vorgänge können wir verstehen lernen und hierdurch erkennen, dass uns nie der andere verletzt hat, sondern immer nur wir selbst uns getäuscht und verletzt haben. Wenn wir diesen Zusammenhang von Täuschung und Enttäuschung, von Verletzung und Verurteilung begreifen, können wir unsere gefällten Urteile allmählich zurücknehmen, und das ist Vergebung. Vergebung heißt nicht, zu sagen: »Ich will so gnädig sein und dir (noch einmal) verzeihen.« Dies ist eine Neuauflage von Verurteilung. Wirkliche Vergebung heißt: »Ich habe mich geirrt. Ich habe dich fälschlicherweise für mein Leid verantwortlich gemacht. Ich weiß heute, dass du nicht anders konntest. Du warst nicht der Täter und ich nicht das Opfer. Wir beide waren unbewusst Handelnde. Ich bitte dich um Vergebung und nehme meine Urteile dir gegenüber zurück. Und ich möchte auch dir vergeben, was du mir gegenüber in der Unliebe gedacht, gesagt und getan hast. Ich weiß heute, dass du genau wie ich selbst völlig unbewusst gehandelt hast ...«

Frieden ist einer der zentralen Schlüssel zu Glück und Fülle in unserem Leben. Unsere Menschen-Welt ist heute immer noch eine Kriegswelt. Aber der Frieden in der Welt kann nur zustande kommen durch Frieden in jedem Einzelnen von uns. Damit kannst du sofort beginnen. Innerer Frieden führt zu einem Leben voller Klarheit, Freude, Freiheit und Fülle. Frieden ist der Kern von Zufriedenheit. Wer im Frieden mit sich selbst und allen anderen, mit seiner Vergangenheit und Gegenwart, mit Gott und dem Leben und mit allen Menschen ist, der kann die Fülle des Lebens im Kleinen wie im Großen sehen und empfangen; dessen Haus ist weit geöffnet für die Geschenke des Lebens und für die Liebe, die jedem zuströmt. Mach also Frieden mit allem und allen und lerne, alles im Leben wertzuschätzen und zu lieben, und das Leben wird dich reichlich beschenken.

Grundlegende Gedanken:

- Je mehr Unfrieden zu anderen Menschen in uns ist, desto verschlossener ist unser »Haus«, unser Energiekörper, desto weniger sind wir empfangsfähig für die Geschenke des Lebens.

- Andere Menschen bieten uns eine der wichtigsten Hilfestellungen, mit uns selbst und dem Leben ins Reine zu kommen und damit empfangsbereit zu werden für die Geschenke des Lebens.

- Lösen wir die inneren Baustellen in uns auf, verändert sich unsere gesamte Energieausstrahlung, und Geben und Empfangen kommen in Fluss.

- Vergebung und Frieden gehören zu den wichtigsten Schlüsseln für Glück und Fülle in unserem Leben.

23

Angst & Co verwandeln lernen

Zu den massivsten Barrieren gegen die Fülle im Leben der meisten Menschen gehören Ängste und andere Energien, die wir mit uns herumschleppen wie einen dunklen Mantel. Dieser Energiemantel aus schweren, langsam schwingenden Energien verhindert, dass das Licht des Lebens uns durchströmt und uns mit unserem Herzen in Kontakt bringt, dem Kern aller Fülle in uns. Seit unserer Kindheit haben wir alle eine Vielzahl von Emotionen erschaffen, darunter Angst, Wut, Hass, Minderwertigkeit, Scham, Schuld, Neid, Eifersucht und Ohnmacht. Diese Emotionen sind unsere Schöpfungen, unsere eigenen »Babys«. Kaum jemand von uns wurde jedoch als Kind mit diesen Emotionen geliebt und angenommen. Also haben wir gelernt, sie zu verstecken und sie zu hassen. Oder liebst du deine Wut, deine Angst, deine Trauer? Diese emotionale Energie steckt heute zuhauf in unseren feinstofflichen Körpern und belastet uns. Sie macht uns schwer, eng, verspannt, unfrei und verhindert, dass wir die Geschenke des Lebens annehmen können.

Wer sein Energiehaus klären und Platz schaffen möchte für die Fülle des Lebens im Innern, der darf lernen, sich liebevoll und klug um seine Emotionen zu kümmern. Denn ein Leben im Innern in Form von Freude, Klarheit, Selbstbewusstsein und Vertrauen ist die Voraussetzung für die Fülle im Außen. Bis heute wird in kaum einem Psychologiestudium an deutschen Universitäten gelehrt, wie wir solche Emotionen verwandeln können. Wenn wir aber mit uns selbst und unserem Leben klarkommen und glücklich durch unser Leben gehen wollen, kommen wir nicht darum herum, auf diesem Gebiet kompetent zu werden. Und hierfür brauchst du kein Studium.

Die Grundemotion, die allen »unangenehmen Gefühlen«, wie wir sagen, zugrunde liegt, ist die Angst. Was aber ist Angst? Angst ist eine *scheinbare* Macht, die uns massiv behindern und unsere Lebensqualität einschränken kann. Ich sage »eine scheinbare Macht«, weil sie nicht wirklich existiert, sondern einem Täuschungszustand ähnelt. Angst tritt dort auf, wo etwas Wesentliches noch nicht erkannt wird, und dieses Wesentliche ist die Liebe. Liebe ist in jedem von uns und überall um uns herum. Ja, unsere Essenz, unsere Natur heißt Liebe.

Dies begreifen in den letzten Jahren immer mehr Menschen und gehen aus dem Zustand der Angst hinaus. Liebe und Angst stehen sich polar gegenüber, sind aber sehr unterschiedlich in ihrem Wesen; die Liebe ist wirklich und die Angst ist unwirklich. Dies kannst du jedoch nicht theoretisch beweisen, sondern nur erfahren. Wie? Indem du es wagst, dein Herz wieder zu öffnen für deine Ängste, deine Schöpfer-Verantwortung für sie zu übernehmen und sie bejahend fühlen und lieben zu lernen. Die Liebe ist der einzige Transformator, der Verwandler der Angst. Angst ist der Zustand scheinbarer Abwesenheit von Liebe, und dieser Zustand fühlt sich für viele sehr real an. Wenn wir unsere Ängste chronisch unterdrücken und verdrängen, wird aus Angst Panik. Und Panik fühlt sich noch realer an. Gegen Panik verschreiben uns die Ärzte Pillen, und die Pharmaindustrie freut sich. Unsere Krankheitsindustrie hat ein großes Interesse daran, dass sich Angst und Panik in den Menschen vermehren. Kaum jemand hat ein Interesse daran, dir zu zeigen, wie du deine Angst selbst überwinden kannst. Meine Vorträge und Seminare haben genau das zum Ziel und erreichen dies auch bei sehr vielen Menschen.

Wer sich um seine Ängste nicht liebevoll kümmert, um den kümmern sich die Ängste, das heißt, sie holen ihn immer wieder ein. Denn weder Angst noch Wut, noch Ohnmacht oder Trauer können dein Energiekleid verlassen, solange du sie ablehnst und nicht fühlen willst. Was wir ablehnen, das ermächtigen wir, und das wächst und bekommt Macht über uns. Lauf nicht weiter weg vor deiner Angst (wie so mancher Jogger und Marathonläufer das tut), sondern bleibe stehen, drehe dich um und schau dir genau an, wovor du schon so lange davonläufst und von was du dich dabei ablenkst. Es sind deine eigenen Schöpfungen. Wie der Zauberlehrling bei Goethe hast du vor langer Zeit begonnen, etwas zu erschaffen, hast es zeitlebens durch eine Menge unwahrer Gedanken und Verurteilungen weiter genährt – und jetzt stehst du damit da. Ganz gleich, ob Angst, Zorn oder Minderwertigkeitsgefühle in uns auftauchen – jeder hat seine ganz eigene Art, sich davon abzulenken: fernsehen, den Kühlschrank plündern, Alkohol oder Süßes im Übermaß konsumieren, telefonieren, joggen, Sex und shoppen gehen – all das wird als Ablenkungs- und Verdrängungsstrategie gegen ungeliebte Emotionen eingesetzt.

Ich empfehle dir: Stelle dich mit Liebe deinen Ängsten; allein oder in Begleitung. Lerne, mit geschlossenen Augen zu atmen und zu fühlen, was da in dir gefühlt werden will. Zunächst spürst du eine Enge in Brust und Hals; lass sie da sein und sage: »Alle Enge in mir darf jetzt da sein. Ich bin bereit, sie zu fühlen.« Und dann fühle, wie eng es sich an verschiedenen Stellen deines Körpers anfühlt. Die Enge bringt dich nicht um, während du beim bewussten Spüren auf einem Stuhl sitzt. Denn du selbst hast dich dazu ermächtigt und entschieden, sie zu fühlen – nicht mehr als ihr Opfer, sondern als ihr Schöpfer. Und das gibt dir die nötige Kraft und das Vertrauen, atmend, bejahend und fühlend durch die Enge und die Ängste hindurchzugehen. Schau dir die Bilder an, die aus deinem Inneren auftauchen, während du weiteratmest. Du gehst mit offenem Herzen durch alle deine Ängste und merkst plötzlich: Du bist hindurch. Wenn du dich noch nicht allein traust, dann nimm dir jemanden, der dich professionell durch diesen Prozess begleitet, einen Transformations-Therapeuten (eine Liste von empfohlenen Therapeuten findest du zum Beispiel auf meiner Website).

Selbst wenn du im Außen heute schon reich wärst oder bist, im Innern aber plagen dich Angst, Wut, Trauer & Co, was würde dir die Fülle im Außen nutzen? Wahrer Reichtum beginnt immer im Innern und hat im Innern seine Basis. Werde daher reich im Innern! Mach dich frei von alten Belastungen und Begrenzungen, indem du dich bewusst für die Liebe entscheidest, für den Weg des Herzens. Öffne dein Herz für alles in dir, was du bisher verdrängt und versteckt hast. Deine Liebe wird es verwandeln. Wenn du mehr über den Umgang mit Ängsten erfahren willst, empfehle ich dir einmal den Vortrag »Angst, Wut, Schmerz und anderes in Freude verwandeln«; wenn du aktiv an die Verwandlung deiner Ängste gehen willst, die Meditations-CD »Negative Gefühle in Freude verwandeln«.

GRUNDLEGENDE GEDANKEN:

- Seit unserer frühesten Kindheit haben wir in uns Emotionen erschaffen, die wir als unangenehm empfinden, weil niemand uns erklärt hat, wie man damit konstruktiv umgeht.
- Fast alle Menschen verdrängen diese selbst erschaffenen Energien, lehnen sie ab und bekämpfen sie mit Pillen oder Ablenkungen.
- Unsere Emotionen warten darauf, von uns bejahend gefühlt und geliebt zu werden. Alle Emotionen können durch Liebe verwandelt werden.
- Angst ist die grundlegende Emotion, die als »negativ« bezeichnet wird. Angst ist dort, wo etwas noch nicht geliebt wird.
- Wird Angst chronisch unterdrückt, entsteht Panik.
- Wird Trauer chronisch unterdrückt, entstehen Depressionen.
- Was wir ablehnen, das ermächtigen wir, dem geben wir Macht.

24

Wie du deine Wünsche in die Wirklichkeit bringst

Ein 28-Tage-Programm des Manifestierens

Nur wenigen von uns wurde in der Kindheit erklärt, wie das Leben funktioniert, weil es scheinbar kaum jemand wusste. Und bis heute ist den meisten Menschen völlig schleierhaft, warum ihr Leben bisher so verlaufen ist – mit all den Mangelerscheinungen wie Krankheiten, Unfälle, Schulden oder Verlusten. In allen Kapiteln dieses Buches geht es um den Zusammenhang zwischen unserem Innern, unserem Bewusstsein und dem, was sich im Außen zeigt. Inzwischen dürfte dir an vielen Punkten klar geworden sein, wie du bisher durch Unbewusstheit dein Lebensschicksal selbst erschaffen hast. In diesem Kapitel zeige ich einen Weg auf, mit dem du deine Wünsche in die Wirklichkeit bringen kannst.

1. Phase

Zunächst ermutige ich dich zu einem intensiven Erforschen all deiner Wünsche. Nimm dir dafür in den nächsten drei Wochen jeden Tag eine Viertel- bis eine halbe Stunde

Zeit. Entscheide dich zunächst, wie viele Minuten du dir täglich dafür reservieren willst, und überlege, welche Zeit in deinem Tagesablauf wohl die beste für dich ist, sei es am frühen Morgen oder am frühen Abend. Du solltest für diese Übung nicht zu müde sein, also nicht erst vor dem Einschlafen damit anfangen. Dann brauchst du jeweils nur noch ein paar leere Blätter Papier und einen Stift und stellst dir z. B. einen Wecker auf 15 bis 30 Minuten.

Schreibe jeden Tag alle Wünsche auf, die dir in den Sinn kommen. Schreibe spontan alles auf, was dir einfällt, z. B.: »Ich wünsche mir mehr Geld. Ich wünsche mir ein Haus am Meer. Ich wünsche mir den Mann / die Frau fürs Leben. Ich wünsche mir eine gute, gesunde Haut …« Denke nicht nach, während du schreibst, sondern schreibe spontan und so zügig, wie dir deine Wünsche in den Sinn kommen. Höre während des Schreibens auch nicht auf den inneren Kritiker, der dir vielleicht einflüstern will: »Du doch nicht! Dafür bist du zu alt. Dafür hast du nicht das nötige Geld. Das passt doch nicht zu dir.« Schreibe so lange, wie die Uhr läuft. Fällt dir schon vorher nichts mehr ein, bleibe so lange vor deinem Blatt sitzen, bis die Zeit vorbei ist. Du glaubst gar nicht, was da noch alles von tief unten aus deinem Inneren emporsteigt.

Wenn die Zeit abgelaufen ist, lies alle Wünsche einmal von oben bis unten durch und lege die Blätter dann weg. Am nächsten Tag nimm bitte neue, unbeschriebene Blätter und schaue nicht auf die ausgefüllten Blätter des Vortages.

Fange ganz neu an! Jeden Tag immer wieder frisch anfangen mit dem Erforschen deiner Wünsche. Dies hat den Sinn, dass du offen bist für Impulse, die bisher noch nicht da waren. Wenn du mit einer neugierigen, spielerischen Haltung jeden Tag an diese Aufgabe gehst, dann spürt dein Unterbewusstes und auch dein Herz, dass du es ernst meinst. Du willst es wirklich wissen, was sich in dir an Wünschen, Träumen, Sehnsüchten, Visionen, Impulsen befindet, die verwirklicht und gelebt werden wollen. Dieses tägliche Nach-innen-Gehen ist bereits ein Akt der Liebe zu dir selbst und tut dir gut. Du tust etwas ganz für dich selbst.

Gleichzeitig wirst du beim Schreiben vielleicht immer wieder an Punkte kommen, wo du zögerst, sie aufzuschreiben. Schreibe bitte alles auf! Und sei nicht zaghaft! Wir haben gelernt, uns vieles gar nicht vorzustellen, was vielleicht in unserem Leben möglich wäre. Wir haben unbewusst von vornherein auf wirkliches Glücklichsein verzichtet, haben uns eingeschränkt und unsere eigenen Impulse als »egoistisch« oder »habgierig« verurteilt. Habe Mut und bringe alles zu Papier, selbst solche Impulse wie »Ich hätte gern noch einmal eine Eisenbahn« oder »Ich wünsche mir Sex mit drei Männern / drei Frauen« oder »Ich will Millionär werden«.

Fülle diese Liste täglich über 21 Tage lang sorgfältig aus und lege sie an einen Ort, an dem niemand sie einsehen oder finden kann. Denn was du hier aufschreibst, geht niemanden außer dich etwas an, auch nicht deinen Partner.

Stell dir einmal vor, du wüsstest, dass jemand deine Listen lesen könnte. Wie viele deiner Wünsche würden nie auf der Liste erscheinen?

Im Laufe der 21 Tage wirst du feststellen, dass manche Wünsche immer wieder auftauchen; manche Wünsche verschwinden wieder, aber dafür findest du nach ein oder zwei Wochen neue Impulse oder Ideen in dir, die sich gut oder verlockend anfühlen. Solltest du einmal an einem Tag die Übung vergessen oder sie nicht durchführen können, dann mach dir nichts daraus und fahre einfach am nächsten Tag damit fort.

2. Phase

Schritt 1

Nach diesen drei Wochen setzt du dich mit der 21-Tage-Liste hin, und der zweite Abschnitt der Arbeit beginnt, für den du dir noch einmal 7 Tage Zeit nehmen solltest. Wenn du die Wünsche dieser Liste genau anschaust, wirst du sie in eine von drei Kategorien einteilen und sie mit einem Buchstaben markieren können:

H: für HABEN-Wünsche
T: für TUN-Wünsche
S: für SEINS-Wünsche

Beispiele: »Ich will einen Mann haben« (H); »Ich will keine Schulden mehr haben« (H); »Ich will Skifahren können« (T); »Ich will viele Reisen machen« (T); »Ich will nicht mehr an meinen Nägeln kauen müssen« (T); »Ich will gesund sein« (S); »Ich will reich sein« (S).

Mit dieser Unterteilung soll keine unterschiedliche Bewertung verbunden sein, nach dem Motto »Seins-Wünsche sind besser als Haben-Wünsche«. Sie soll nur deinen Blick für die Unterschiedlichkeit von Wünschen schärfen und dich bewusster machen.

Schritt 2

Danach lade ich dich ein, dir jeden deiner Wünsche laut vorzulesen und nach jedem Wunsch innezuhalten und die Augen zu schließen. Wie fühlt sich dieser Wunsch an? Was rührt er in dir auf? Ist dieser Wunsch mit einer inneren Ladung verbunden? Bei manchen Wünschen wirst du sofort spüren, wie sich dein Inneres regt und manchmal sogar erregt. Manche Wünsche lösen in uns eine elektrische Ladung aus, die wir deutlich wahrnehmen können. Es durchzuckt uns ab und zu geradezu, und der Wunsch löst Vorfreude oder Begeisterung in uns aus. Kennzeichne die Wünsche, die mit solch einer Reaktion verbunden sind, mit drei, vier oder fünf Sternchen, je nach der Intensität der Reaktion.

Jetzt hast du eine Einteilung in Wünsche ohne Sternchen und solche mit drei, vier oder fünf Sternen. Ich empfehle dir, dich an den weiteren Tagen der Woche auf die

Sterne-Wünsche zu konzentrieren, sie auf ein neues Blatt zu übertragen und wiederum in HABEN-, TUN- oder SEINS-Wünsche zu unterteilen.

Schritt 3

Im nächsten Schritt geht es um eine kraftvolle Neuformulierung der Wunsch-Abgabe. Bisher hast du vielleicht geschrieben: »Ich wünsche mir …« oder »Ich will …« oder »Ich möchte …« Jetzt schlage ich dir vor, diese Verben durch ein Wort zu ersetzen, das die Verwirklichung des Wunsches erleichtert und beschleunigt. Statt zu schreiben: »Ich wünsche mir …«, schreibe jetzt z. B.: »Ich entscheide mich für …« oder »Ich rufe … in mein Leben« oder »Ich öffne mich für …« Also: »Ich entscheide mich für ein Haus im Grünen« oder »Ich entscheide mich dafür, in einem Haus im Grünen zu leben«. Oder aber: »Ich öffne mich für ein Leben in Leichtigkeit und Freude« oder »Ich rufe den Mann / die Frau meines Herzens in mein Leben«.

Eine andere sehr kraftvolle Formulierung eines Wunsches kann lauten: »Ich bedanke mich für das Haus / den Mann / die Frau meines Herzens / für die Leichtigkeit, das / der / die auf dem Weg zu mir ist.

Sich im Voraus für etwas bedanken zu können, zeugt von Vertrauen in das Leben. Benutze diese Formulierung also nur, wenn du in dir dieses Vertrauen auch spürst. Finde die Formulierung, die sich für dich am besten und am kraftvollsten anfühlt.

Schritt 4

Jetzt hast du eine Liste mit kraftvoll formulierten Wünschen, die mit einer inneren Ladung in dir verbunden sind. Ich nenne diese Wünsche Herzenswünsche. Für jeden dieser Wünsche kannst du jetzt noch eine sehr wirksame Übung machen, die ihre sichtbare Verwirklichung in deinem Leben beschleunigt. Nimm dir hierfür mindestens 20 Minuten pro Wunsch Zeit. Gehe an einen ruhigen Platz, schließe die Augen und stelle dir den erfüllten Wunsch vor. Male dir auf deiner inneren Leinwand ganz plastisch aus, wie dein realisierter Wunsch ausschaut, und gehe dann selbst in das Bild hinein. Wenn du dich also für ein Haus am Meer entscheidest, dann stelle dir das fertige Haus vor, gehe in deiner Vorstellung hinein und fühle dich in ihm. Wie fühlt es sich an in deinem Wohnzimmer, deiner Küche, deinem Schlafzimmer, auf deiner Terrasse mit Blick aufs Meer? Genieße es in vollen Zügen. Spüre es, schmecke es, rieche es.

Bei dieser Übung erkennst du, dass du deinen Wunsch im unsichtbaren oder feinstofflichen Bereich bereits erschaffen hast. Und das ist ein sehr wirkungsvoller Schritt. Denn alles, was sich im Grobstofflichen, in der Materie manifestieren soll, muss zunächst im unsichtbaren Bereich, im Bewusstsein eines Menschen existieren. Lebe also im Inneren deinen erfüllten Wunsch und spüre zugleich, ob es tatsächlich genau das ist, was dich glücklich machen wird.

Vielleicht bemerkst du, dass es dir schwerfällt, dir deinen erfüllten Wunsch genau vorzustellen. Dann ist es ein Zeichen, dass es vielleicht noch zu früh dafür ist oder dass dieser Wunsch nicht wirklich das ist, was dein Herz zum Singen bringt. Oder du kannst es dir vorstellen, spürst aber selbst, dass dir dieser Wunsch nicht wirklich am Herzen liegt. Dann lass diesen Wunsch fallen und entferne ihn von deiner Liste. Das Leben ist zu schade und zu kurz, als dass wir uns mit Dingen beschäftigen, die wir nicht wirklich wollen. Konzentriere dich auf das Wesentliche, auf das, was dein Herz zum Singen bringt.

Schritt 5

Nach diesen Übungen hast du eine Liste mit Wünschen, mit denen du im Innern eine starke Ladung verbindest und die du dir konkret vorstellen kannst. Diese Wünsche beginnen sich damit bereits zu manifestieren. Ein weiteres kraftvolles Ritual lässt sich folgendermaßen durchführen: Schreibe jeden einzelnen Wunsch auf ein eigenes Blatt und ergänze den Wunsch mit dem Zusatz »Wenn es im Interesse meiner Seele ist« oder »Wenn meine Seele das auch will«. Nimm dir für jeden Wunsch ein paar Minuten Zeit an einem ruhigen Ort – drinnen oder auch draußen in der Natur. Sprich hier deinen Wunsch laut aus als eine klare Entscheidung, diese Erfahrung in deinem Leben machen zu wollen.

Beispiele: »Ich entscheide mich dafür, mich in meinem Leben nicht weiter zu verstecken oder klein zu machen oder mich für andere aufzuopfern. Ich entscheide mich dafür, mich selbst zu ehren, zu achten und zu respektieren und meinem Herzen zu folgen.« Oder: »Ich öffne mich für einen neuen Partner, der mir und meinem Herzen guttut. Ich vertraue darauf, dass das Leben mir diesen Mann / diese Frau in den kommenden Wochen oder Monaten schickt, wenn meine Seele dies auch will.«

Schritt 6

Das Blatt mit dem so aufgeschriebenen Wunsch kannst du jetzt noch feierlich verbrennen und dich dabei auf seine Verwirklichung freuen. Mit diesem Ritual gibst du deine »Bestellung beim Universum« auf. Zu empfehlen ist es, dieses Ritual bei zunehmendem Mond oder Vollmond durchzuführen.

Schritt 7

Viele Menschen haben zudem gute Erfahrungen mit dem Führen eines Wunschbuches gemacht. Hierfür kaufst du dir ein leeres Buch, das sehr schön oder kostbar aussieht, denn es soll ja für dich sehr wertvolle Dinge beherbergen: deine Herzenswünsche. Dann nimm dir in diesem Buch für jeden deiner Wünsche eine ganze Seite, sowohl für »kleine« Wünsche wie für »große«. Denn das Leben kennt diese Unterscheidung nicht, ebenso wenig wie »wichtig« oder »unwichtig«. Im Leben ist alles wichtig, was es gibt, denn selbst das kleinste Detail hat seinen Sinn, sonst wäre es einfach nicht da. Formuliere deinen Wunsch bzw. deine Entscheidung auf einer Seite. Darunter magst du eine Zeichnung oder ein Bild hinzufügen, das deinen verwirklichten Wunsch zeigt.

Wenn du alle paar Monate in deinem Wunschbuch blätterst, wirst du überrascht feststellen, wie viele Wünsche sich bereits erfüllt haben. Das stärkt dein Vertrauen und deine Vorfreude auf alles, was da an Geschenken auf dich zukommt.

Ein paar zusätzliche Tipps zum Manifestieren deiner Wünsche:

1. Wenn du deinen Wunsch abgegeben hast, lass ihn in Ruhe und wiederhole die Abgabe nicht jeden Tag. Einmal kraftvoll abgegeben reicht. Dann vertraust du darauf, dass dich das Leben beschenken wird, und kehrst zu dem zurück, was gerade in deinem Leben ansteht. Das heißt, du kommst wieder in die Gegenwart zurück und gehst liebevoll und bewusst all den Tätigkeiten nach, die zu deinem Alltag gehören. Du träumst dich nicht weg. Denn wie ich in einem früheren Kapitel beschrieben habe: Das Leben beschenkt dich immer in der Gegenwart, darum sollten wir in ihr anwesend sein. Allerdings gehört die Vorfreude auf etwas in der Zukunft ebenfalls zur Gegenwart und beflügelt die Verwirklichung deiner Träume.

2. Nimm dir bitte so lange Zeit, bis du wirklich weißt und spürst, was du bzw. dein Herz wirklich will. Solange Unklarheit darüber in dir herrscht, bittest du einfach deine innere Führung um Klarheit. Dein erster Wunsch heißt demnach: »Ich entscheide mich für Klarheit darüber, was

mein Herz will.« Überlege nicht ständig, ob das, was du dir gewünscht hast, auch das Beste für dich ist; das wäre sonst ein Zeichen dafür, dass noch nicht genug Klarheit herrscht.

3. Lege nicht fest, wann oder aus welcher Richtung das gewünschte Geschenk kommen soll. Dein Kopf hat keine Ahnung davon, woher oder zu welchem Zeitpunkt es in dein Leben treten soll. Überlasse das deiner inneren Führung bzw. dem Leben.

25

Gib mit Freude und gib reichlich

Ein Mensch, der die Fülle des Lebens empfangen möchte – in welcher Form auch immer –, darf sich ein wenig mit dem Verhältnis von Geben und Nehmen, besser von Geben und Empfangen beschäftigen. Bestimmt hast du schon einmal den Spruch gehört: Das ganze Leben ist ein Geben und Nehmen. Dieser Satz wird häufig von solchen Menschen ausgesprochen, die glauben, bisher zu kurz gekommen zu sein. Sie denken: »Jetzt habe ich so viel gegeben, jetzt will ich auch mal was haben.« Oft haben sie in ihrer Kindheit den Spruch gehört: »Geben ist seliger als Nehmen.« Mit diesem Satz im Kopf gehen viele Menschen ins Leben hinaus und erschaffen Mangelzustände. Warum ist das so? Weil dieser Satz nicht wahr ist.

Wenn jemand empfangen will, muss jemand anderes bereit sein, zu geben. Wenn jemand geben will, braucht er jemand, der bereit ist, seine Gabe zu empfangen. Empfangen bedingt also das Geben, und Geben ist nur dann möglich, wenn jemand bereit ist, zu empfangen. Darum ist es Unsinn, Geben und Nehmen auseinanderzudividieren und das eine höher als das andere zu bewerten. Gäbe es keine Empfänger, wäre jedes Geben sinnlos; gäbe es keine Geber, gäbe es auch nichts zu empfangen.

Wie hältst du es selbst mit dem Geben und Empfangen? Kannst du gleich gut geben und empfangen? Was geschieht in dir, wenn plötzlich jemand bei dir vorbeikommt und dir unverhofft ein Geschenk macht? Einfach so, ohne dass du Geburtstag hast. Was denkt »es« dann in dir? In Millionen Menschen denkt es, oder es spricht sogar aus ihnen: »Das wäre aber doch nicht nötig gewesen«, anstatt zu sagen: »Danke, das ist aber eine tolle Überraschung.« Stattdessen denken sie mit dem Geschenk in der Hand schon darüber nach, wie sie sich revanchieren und das Geschenk mit einem Gegengeschenk ausgleichen können. Ohne sich dessen bewusst zu sein, fühlen sich die Menschen sofort in der Schuld des Schenkenden und versuchen schleunigst, diese Schuld wieder wettzumachen. Sie überlegen sich, was das Geschenk wohl gekostet haben mag oder wann der andere Geburtstag hat. Diese Reaktion zeigt deutlich: Der Beschenkte ist nicht offen für Geschenke. Er kann nicht wirklich empfangen.

Den gleichen Zusammenhang kannst du an deiner Atmung ablesen. Was fällt dir schwerer, das Einatmen oder das Ausatmen? Menschen, die sich schwertun mit dem Einatmen, haben Schwierigkeiten, zu empfangen; andere, die nicht leicht ausatmen können, wie z. B. Asthmatiker, haben Angst, loszulassen – aus Angst, dann vielleicht nichts mehr zu bekommen.

Wenn du auch zu den Menschen gehörst, die nur schwer etwas annehmen können, dann wundere dich nicht, wenn du dich in deinen Lebensbereichen mit Mangelzuständen konfrontiert siehst. Kläre dein Verhältnis zum Geben und zum Empfangen. Denn dies sind keine Gegensätze, sondern gehören untrennbar zusammen. Hast du mit der einen Seite ein Problem, so betrifft das auch gleich die andere Seite. Ein schlechter Geber ist auch kein guter Empfänger. Und wer nicht dankend annehmen kann, dessen Geschenke sind auch nicht viel wert.

Wenn du gibst in deinem Leben, dann gib bedingungslos und nur aus einem einzigen Motiv: *weil dir das Geben Freude macht.* Und gebe reichlich und großzügig. Schaue nicht auf das, was zurückkommt. Wer gibt, um zu bekommen, ist kein wirklicher Geber, sondern ein verkappter Nehmer. Einer meiner Lehrer hat einmal den Satz geprägt: Die größten Geber sind oft die schurkigsten Nehmer. Über dem Tisch geben sie und unter dem Tisch halten sie die Hand auf und erwarten Gegengeschenke. Dasselbe wird auch unverblümt in der Wirtschaft gepriesen, ganz nach dem Motto: »Tu Gutes und rede darüber!« Das gute Image ist hier das Motiv, jedoch nicht das Geben selbst. Der Wert eines Geschenks wird von der Einstellung und dem Motiv des Gebenden geprägt. Gib also nur, weil es dir eine Freude ist, zu geben. Und erwarte nicht einmal ein »Dankeschön« dafür. So oft habe ich den Satz von Klienten gehört: »Aber Danke hätte sie / er wenigstens sagen können!«

Wer aus lauter Freude am Geben gibt, der wird sofort belohnt. Denn die Freude des Gebenden selbst ist sein größter Lohn. Es macht dich glücklich, anderen eine Freude machen zu können. Und dieser muss nicht einmal wissen, von wem das Geschenk kommt. Hier wird der Gebende sofort auch zum Empfangenden und der Empfänger sofort zum Gebenden, indem er das Geschenk annimmt.

Die Freude am Geben möge dir der größte »Lohn« sein. Denn wer anderen eine Freude macht, der erhält Freude. Also bereite Freude, verschenke Freude mit den Gaben, die der Himmel dir geschenkt hat – sei es in deinem Beruf oder in der sogenannten freien Zeit. Jeder hat etwas zu geben, und es müssen nicht immer die großen oder teuren Dinge sein. Wenn du glaubst, nichts anderes zu haben, dann verschenke dein Lächeln, und du erhältst Freude zurück. Verschenke Umarmungen. Verschenke Zeit. Nimm dir Zeit, anderen zuzuhören, nimm dir Zeit, andere zu besuchen und ihnen deine Aufmerksamkeit zu schenken. Wenn du anderen Menschen begegnest und fragst: »Wie geht's?«, dann prüfe bitte, ob du an einer ehrlichen Antwort interessiert bist oder ob du nur das stereotype »Gut, und selbst?« hören willst.

Wer Zeit, Aufmerksamkeit, sein offenes Ohr und Liebe schenkt – der wird unendlich belohnt. Du musst dich deswegen nicht ausnutzen lassen, und niemand muss sich aufopfern. Verschenke dich und deine Geschenke, und du wirst begreifen, dass du viel zu geben hast. Und wer viel zu geben hat, der ist reich, der fühlt sich voll.

Die Freude, die in dir beim Schenken entsteht, macht dich glücklich. Denn Freude vermehrt sich wie die Liebe. Freude und Liebe werden mehr, wenn man sie verschenkt. Probiere das einmal systematisch aus. Und Freude ist eine Energie, die sich in deinem Leben auch in anderen Bereichen, auch im Materiellen, widerspiegeln wird. Über die Freude zur Fülle zu gelangen, ist der beste Weg zu Glück, Erfolg und Reichtum. Bereite dir selbst Freude, mache anderen Freude, und du bist auf der Straße der Fülle.

Ich selbst habe früher mit Mangelzuständen im materiellen Bereich zu kämpfen gehabt. Ich hatte fast immer Schulden, und ich hatte »nie genug«. Dann habe ich eine Entscheidung getroffen und mir gesagt: »Ich möchte etwas tun, was mir und möglichst vielen Menschen viel Freude macht.« Dies ist mir mit meinen Vorträgen und Seminaren voll gelungen. Sie machen mir immer noch größte Freude und verändern das Leben von Tausenden Menschen in Richtung Fülle, Frieden, Gesundheit, Freiheit und Freude.

GRUNDLEGENDE GEDANKEN:

- Geben ist nicht seliger als Nehmen. Jedes Nehmen bedingt ein Geben und umgekehrt. Darum sind beide gleich wertvoll und wichtig.
- Aufgrund unserer Erziehung haben wir uns angewöhnt, das Geben höher zu bewerten als das Nehmen; dies hat uns vom Empfangen abgehalten.
- Wer gibt, möge nur deshalb geben, weil ihm das Geben selbst Freude macht.
- Wenn du gibst, schaue nicht auf das, was zurückkommt. Erwarte gar nichts. Deine Freude am Geben möge dir »Lohn« genug sein.

26

Gott ist die Quelle aller Fülle

Was für ein Verhältnis hast du zu Gott? Macht dir dieses Thema noch Bauchschmerzen? Verbindest du mit Gott noch das, was du in deiner Kindheit über ihn gehört hast? Was fühlst du in dir, wenn du an Gott denkst?

Um Gott machen interessanterweise selbst viele sogenannte spirituell eingestellte Menschen bis heute einen großen Bogen. Sie sind noch nicht bereit, zu überprüfen, was sie bisher über Gott denken. In ihrem Unterbewusstsein kursiert noch ein strenger, kontrollierender, strafender Gott-Vater, vor dem man auf der Hut sein sollte. Dies ist auch ein Grund dafür, warum vielen Menschen im Westen der Buddhismus sympathischer ist als die katholische oder protestantische Kirche.

Es geht in diesem Kapitel nicht um Religion, sondern um die tief sitzenden Überzeugungen über Gott und das Leben, die bis heute in dir schlummern und dich von der Fülle des Lebens abhalten. Wer in der westlichen Welt christlich erzogen wurde, kam als Kind wohl kaum mit einem Gott in Berührung, der als all-liebend dargestellt wurde und der für uns nur das Allerbeste möchte. Die christliche Erziehung in Kirchen und Schulen hat Millionen von Menschen ein mieses Selbstbild und ein düsteres Gottesbild beschert. Wer als Kind gelernt hat, an einen Gott zu glauben, der dir vorschreibt, wie du zu leben hast, in dem sitzt dieser Glaube auch nach 30 oder 50 Jahren noch, es sei denn, du hast dich gründlich mit diesen Gedanken und den damit verbundenen Gefühlen wie Scham, Schuld, Angst, Minderwertigkeit u. a. beschäftigt und gelernt sie zu verwandeln.

Willst du zu einem erfüllten Leben, zu Frieden und Freude, zu Erfolg und Reichtum gelangen, dann empfehle ich dir, den Weg über Gott zu nehmen. Denn hier bist du an der Quelle all dieser Energien. Gott selbst ist die Quelle allen Seins und somit auch die deine. Du bist aus Gott hervorgegangen; es gibt keine Trennung zwischen dir und Gott. Deine Natur ist durch und durch göttlich; nur hast du das seit langer Zeit vergessen. Aber du kannst dich wieder daran erinnern, wenn du willst, und dazu lade ich dich herzlich ein. Dein Vater-Mutter-Gott hat dich erschaffen und hat dir alles mitgegeben, was er / sie / es selbst besitzt, sein ganzes Erbe. Dieses Erbe besteht aus Unendlichkeit und Grenzenlosigkeit; insbesondere aus der grenzenlosen schöpferischen Fähigkeit, zu erschaffen, und der unendlichen Fähigkeit, zu lieben. Dies kann der Kopf nicht verstehen, aber dein Herz versteht es.

Was du über Gott denkst, wirkt sich auch auf das aus, was du über dich selbst denkst. Wenn du glaubst, es gebe keinen Gott, dann hat niemand etwas dagegen – auch Gott nicht. Aber es hat sofort Auswirkungen auf dein Bewusstsein und dein Grundlebensgefühl, und diese Auswirkungen sind Angst, Unsicherheit und ein Gefühl der Ungeborgenheit. Wenn du an Zufälle glaubst, dann kann dir in jedem Moment *zufällig* etwas Übles zustoßen. Der Glaube an Zufälle und Schicksal macht dich schwach, ohnmächtig und angstvoll.

Gott – als Schöpfer allen Seins – hat dich erschaffen, damit du mit ihm und durch ihn weiter erschaffst und diese Schöpfung liebend in Besitz nimmst. Gott selbst ist die Kraft in uns, mit der wir täglich, stündlich erschaffen. Was du mit seiner Macht erschaffst, das überlässt er dir vollständig. Gott hat noch nie Gebote oder Verbote erlassen; auch die berühmten Zehn Gebote stammen von Menschen und nicht von Gott. Du kannst zwar jedes Verhältnis zu Gott in dir leugnen, verdrängen oder ablehnen. Aber das wird nichts daran ändern, dass du täglich mit seiner schöpferischen Kraft die Zustände und Ereignisse in deinem Leben und in deinem Körper erschaffst, deren Folgen du spürst. Und die Folgen heißen entweder Fülle oder Mangel, Freude oder Leiden, Frieden oder Unfrieden, Freiheit oder Unfreiheit, Krankheit oder Gesundheit. Weder das Leben noch Gott hat dich jemals bestraft oder dir etwas vorenthalten – das hast du ganz allein geschafft.

Da Gott unsere Vater-Mutter-Quelle ist und aus ihm einst alles hervorging so wie du selbst, bist du EINS mit der gesamten Schöpfung. Es gibt keine Trennung, weder im Himmel noch auf der Erde, denn der Himmel ist hier in dir. »*Sorge zuerst für das Königreich des Himmels in dir und alles andere (im Außen) wird dir hinzugegeben.*« Das ist der Schlüsselsatz von Meister Jeshua / Jesus für deinen Erfolgsweg in diesem Leben. Von diesem Weg handelt auch dieses Buch. *Sorge zuerst für die rechte Geisteshaltung in dir, für das rechte Bewusstsein und du kannst nicht anders als erfolgreich und glücklich sein.* Was ist das rechte Bewusstsein? Es ist das Wissen in dir, dass du gar nicht scheitern kannst, weil du Gottes ewiges Kind bist, weil du unendlich geliebt wirst und unendlich liebenswert bist. Dein Körper, mit dem du hier auf der Erde herumläufst, ist nicht deine wahre Natur. Denn deine wahre Natur ist Geist, ist Licht, ist Liebe. Wenn du dich dieser wahren Geist-Natur wieder erinnerst, bist du angekommen im Reich der Fülle. Deswegen musst du nicht ins »Nirwana« verschwinden, sondern darfst mit beiden Beinen fest auf Mutter Erde stehen und das Leben in Fülle genießen, ob du den ganzen Tag Eiscreme isst oder eine Firma gründest, ob du deine Kinder begleitest oder ein neues Computerprogramm entwickelst.

Du bist hier auf der Erde, damit Gott sich ausdrücken und entfalten kann in die Welt hinein. Gott und du, ihr seid EINS, weil er dich »braucht«, um sich durch dich auf einzigartige Weise hier auszudrücken, denn dich gibt es nicht noch einmal auf Mutter Erde. Gott will deinen Erfolg. Du bist ein Juwel, einzigartig – jetzt musst du dich nur noch daran erinnern, dass du es bist. Mache dir bewusst, dass Gott alles unterstützt, was du an schöpferischer Energie in die Welt hinausschickst, seien es Gedanken oder Gefühle,

Worte oder Handlungen. Durch die Gotteskraft in dir manifestieren sich diese Energien zu Dingen und Ereignissen und Zuständen in deinem Leben. Gott fordert dich – in einer medialen Durchgabe von Safi Nidiaye – dazu auf, dir vollkommen klar darüber zu werden, was du hier willst, und diese Klarheit in dein Denken, Fühlen, Sprechen und Handeln einzubringen, wenn er sagt:

> *»Wisse mich hinter dir in all deinen Handlungen!*
> *Ich bin nur hinter dir, wenn du eins bist.*
> *Wenn du A denkst, B fühlst und C tust,*
> *wo soll ich hinter dir sein?*
> *Sei eins und wisse mich hinter dir.*
> *Und sei nicht zaghaft!*
> *Setze mir keine Grenzen.«*

Safi Nidiaye, »Das Bewusstseins-Orakel«

GRUNDLEGENDE GEDANKEN:

- Die »christliche« Erziehung in Kirchen und Schulen hat Millionen Menschen ein mieses Selbstbild und ein düsteres Gottesbild beschert.

- Willst du zu einem erfüllten Leben, zu Frieden und Freude, zu Erfolg und Reichtum gelangen, dann nimm den Weg über Gott. Denn hier bist du an der Quelle all dieser Energien.

- Was du über Gott denkst, wirkt sich sofort auch auf das aus, was du über dich selbst denkst.

- Der Glaube an Zufälle und Schicksal macht dich schwach, ohnmächtig und angstvoll.

- Gott – als Schöpfer allen Seins – hat dich erschaffen, damit du mit ihm und durch ihn weiter erschaffst und diese Schöpfung liebend in Besitz nimmst.

- Sorge zuerst für die rechte Geisteshaltung in dir, für das rechte Bewusstsein, und du kannst nicht anders, als erfolgreich und glücklich zu sein.

- Du bist ein Juwel, einzigartig – jetzt musst du dich nur noch daran erinnern, dass du es bist. Sei dir bewusst, dass Gott alles unterstützt, was du an schöpferischer Energie hinausschickst in die Welt, seien es Gedanken oder Gefühle, Worte oder Handlungen.

27

Brauche nichts

Die Gedanken vieler Menschen, die auf der Suche nach Wohlstand und Erfolg sind, kreisen ständig um das »Brauchen«. »Ich brauche mehr Geld«, »Ich brauche eine neue Arbeit«, »Ich brauche Hilfe von anderen« so denkt es in ihrem Kopf, nicht immer bewusst, aber oft unbewusst. Wie vertraut sind dir selbst solche Sätze? Das Wort »brauchen« ist ein Schlüsselwort des Mangel-Bewusstseins. Wer dieses Wort benutzt im Denken oder Sprechen, der verstärkt die Mangelzustände seines Lebens. Denn das Universum hört dir sehr gut zu, wenn du denkst oder sprichst. Und es versteht in diesem Fall: »Ich habe nicht genug!« Du willst zwar mehr haben von diesem oder jenem, aber deine Gedanken versteht das Universum als eine Erklärung und Bestimmung deines Seins hier als Mensch. Wenn du sagst: »Ich brauche« oder »Ich habe nicht genug«, dann sagst du in Wirklichkeit: »Ich erkläre hiermit, dass ich jemand bin, der im Bewusstsein des Mangels lebt und auch morgen darin leben wird.« Denn jede Aussage über dich selbst, im Präsens formuliert, gilt ja auch morgen und übermorgen und in zehn Jahren. Denn es ist immer Gegenwart. Wenn es also heute in deinem Kopf heißt: »Ich habe nicht genug«, dann denkst du morgen nicht: »Gestern hatte ich nicht genug, aber heute lebe ich in der Fülle.« Also denkt »es« morgen früh in deinem Kopf und in zehn Jahren noch den einmal angewöhnten Satz »Ich habe nicht genug«, und folglich kann sich auch an deinem Zustand des Mangels nichts ändern. Das ist ähnlich wie der Satz an der Wand der Kneipe: »Morgen gibt es Freibier für alle.« Am nächsten Tag steht dieser Satz immer noch da: »Morgen gibt es Freibier für alle.« Also wird es nie Freibier geben, solange dieser Satz nicht geändert wird.

Wer also glaubt, etwas »zu brauchen«, ist nicht auf dem Weg in die Fülle. Das Wort »brauchen« ist nie wahr, genauso wenig wie die Worte »soll«, »sollte«, »muss«, »müsste« usw. Warum ist kein »brauchen« wahr? Weil du jetzt im Moment nichts wirklich brauchst. Wenn dein Kopf sagt: »Ich brauche jetzt Geld, um meine Miete zu zahlen«, und das Geld ist jetzt nicht da, dann wird das Leben dennoch weitergehen. Und selbst wenn deine Wohnung wegen Mietrückstands gekündigt werden sollte und du immer noch nicht mehr Geld hast, dann brauchst du dieses Geld nicht. Was du nicht hast, brauchst du auch nicht. Das Leben sagt dir in diesem Fall: »Wenn kein Geld da ist, sollst du es jetzt auch nicht haben, wie auch immer du dir diesen Mangel erschaffen hast. Aber was nicht da ist, soll nicht da sein. Was da ist, soll da sein«, das ist die Sprache des Lebens. Klaut dir jemand eine Menge Geld, sagt das Leben, dieses Geld soll jetzt nicht mehr bei dir sein. Warum? Sonst wäre es noch da. Das ist kein Zynismus und auch kein Fatalismus, sondern die demütige Anerkennung dessen, was jetzt ist oder was jetzt nicht ist. Wenn du auf der Autobahn fährst und in einen Stau gerätst, dann sollst du jetzt im Stau stehen. Das ist die Sprache des Lebens. Genauer gesagt, dein Auto soll da jetzt stehen. Du selbst kannst ja aussteigen und spazieren gehen, aber es wäre günstig, du wärst am Steuer, wenn die Karawane wieder anrollt.

Höre also in deinen Gedanken auf zu »brauchen«. Die Wahrheit heißt stets: »Ich habe immer genug« und »Es gibt von allem genug«. Richte deine Aufmerksamkeit immer auf das, was du hast und was du in Wirklichkeit bist. Und richte sie immer mehr auf das *Jetzt*, auf diesen Augenblick. Im Moment sitzt du irgendwo und liest dieses Buch. Brauchst du irgendetwas in diesem Moment? Nein. Lege das Buch einmal für ein paar Sekunden weg und sage dir: »Ich habe jetzt genug von allem.«

In den von mir sehr geschätzten Büchern von Neale Walsch, »Gespräche mit Gott« heißt es treffend:

> *»Brauche nichts*
> *Wünsche alles*
> *Und wähle, was sich zeigt!«*

Diese wenigen Worte enthalten wichtige Grundregeln für erfolgreiches Manifestieren und ein glückliches Leben in der Fülle. Für manche klingt die dritte Zeile irritierend: »Und wähle, was sich zeigt!« Was immer sich zeigt in deinem Leben, muss einen Sinn haben. Und es muss deine Schöpfung sein. Ganz gleich, wie sich das anfühlt, was sich zeigt in deinem Leben, sage JA dazu und anerkenne es als deine Schöpfung *und* zugleich als das, was das Leben dir jetzt bietet, um daraus das Allerbeste zu machen. Übernimm deine Verantwortung als Schöpfer und erkenne deine Vater- oder Mutterschaft über dieses Ereignis oder diesen momentanen Zustand an. Oder wie Byron Katie sagt: *Entscheide dich, zum Liebhaber dessen zu werden, was jetzt ist, was sich jetzt in deinem Leben zeigt.*

GRUNDLEGENDE GEDANKEN:

- Jeder Gedanke mit »ich brauche …« ist eine Aussage des Mangel-Bewusstseins und führt zu einer Verstärkung des Mangels.
- Aussagen und Gedanken mit »ich brauche, ich sollte, ich muss« sind nie wahr, weil sie im Gegensatz zur Wirklichkeit stehen.
- Richte deine Aufmerksamkeit immer auf das, was du hast und was du in Wirklichkeit bist. Und richte sie immer mehr auf das *Jetzt*, auf diesen Moment.
- Es ist immer *Jetzt*, es ist immer Gegenwart.
- Liebe das, was sich jetzt in deinem Leben zeigt. Lieben heißt anerkennen, wertschätzen, bedanken und segnen.

28

Genieße alles,
aber klebe nicht daran

Diese materielle Welt ist dazu da, sie in vollen Zügen zu genießen. Für viele Ohren klingt solch ein Satz fürchterlich unspirituell. Aber viele »spirituelle« Menschen leiden an einem trennenden, verurteilenden Denken in Bezug auf die materielle Seite dieses Lebens. Du kannst auch ins Kloster gehen, du kannst dich auch in Askese oder Bescheidenheit üben. Aber glaube bitte nicht, dass du dafür auf irgendeiner Ebene belohnt wirst oder dass du schneller erleuchtet wirst, falls das dein Ehrgeiz ist.

Einer der schnellsten Wege zur Fülle ist der, sofort mit dem Genießen zu beginnen. Genieße das, was du gerade tust. Genieße es, zu atmen. Genieße es, zu sein, zu denken, zu fühlen, zu sprechen und zu handeln. Genieße jede Begegnung mit anderen, genieße den Sonnenstrahl und den Regen, genieße das Stadtleben oder den Wald, den See oder deinen Computer. Und genieße all die schönen oder interessanten Dinge, die das Leben dir bietet, um dich daran zu erfreuen: dein Auto und deine Bücher, deine CDs und deine Pflanzen, deinen Kühlschrank und dein Handy, deine Dusche und die Sauna und deine Sexualität. Werde zum ständigen und dankbaren Genießer des Lebens in dir und außerhalb von dir. Mache jeden Tag und dein ganzes Leben zu einem Genuss.

Es stimmt zwar, dass das Innen das Wesentliche ist, dass im Geiste die Ursache für das Äußere liegt – wie innen so außen –, aber das heißt nicht, dass wir das Äußere ablehnen oder abwerten sollten. Natürlich kannst du darauf pochen, dass alles im Außen nur eine Scheinwirklichkeit ist, aber du hast die Wahl: Du kannst den Rosenzüchter verachten, der sich stundenlang mit seinen Rosen beschäftigt, oder du kannst dich mit ihm an seinen Rosen erfreuen und ihm jede Woche einen Strauß abkaufen und dich oder andere damit beschenken. Ich kaufe im Jahr mehrere Tausend herrliche Rosen, an denen sich viele Hundert Menschen in meinen Seminaren und die Engel in meinem Münchner Büro erfreuen. Ich kaufe und verkaufe schöne Bücher, herrliche Musik auf CDs und wunderbare Filme, die vielen Menschen große Freude machen und wertvolle Impulse geben.

Diese äußere, materielle Welt ist nicht zu trennen von unserer inneren Welt. Das Äußere dient uns dazu, Freude zu machen und zu empfinden. Genieße die Blumen oder deine Currywurst, dein Fahrrad oder deine Harley Davidson und höre auf, eines davon zu verurteilen. Wenn du glaubst, diese Welt würde besser, weil du oder andere auf dieses oder jenes verzichten, irrst du. Achtsamer, bewusster Umgang mit den Dingen vergrößert unsere Freude an ihnen. Verzicht und Abwertung des Materiellen führen jedoch schnurstracks ins Land des Mangels.

Aber halte dich nicht krampfhaft fest an den Dingen. Konzentriere dich nicht auf das Haben, sondern auf das Sein. Sei mit den schönen Dingen des Lebens, aber klebe nicht dran, sondern löse dich immer wieder von ihnen und mache sie dir bewusst. Denn das Wesentliche ist unsichtbar. Und genauso wie dein physischer Körper irgendwann zu Staub zerfällt, werden auch alle anderen materiellen Dinge vergehen. Aber das, was du mit ihnen erlebt hast, und die Liebe, die du ihnen entgegengebracht hast, die Bewusstheit, mit der du mit ihnen umgegangen bist, all das wird dir bleiben. Denn dies sind Schätze im Feinstofflichen, die nicht vergehen werden. Jesus sagt so schön in dem Buch »*Unendliche Liebe – Jesus spricht*«, von Glenda Green, dass wir nur das wirklich besitzen können, was wir geliebt haben, das heißt, das Ausmaß unserer Liebe und unseres Liebens bestimmt, wie reich wir in Wirklichkeit sind. »Geld kann dir Besitz verschaffen, doch es kann dich nicht zum wahren Eigentümer machen. Was dir wirklich gehört, das bestimmen die Anziehungskräfte deines Herzens und das Kommando deiner Liebe. Nur das Eigentum deines Herzens kann dir Erfüllung bringen und dein Leben bereichern.« Frage dich also: Liebe ich all das, was ich da besitze und habe? Nutze ich das wirklich, oder wie viel Kram habe ich mir da in den letzten Jahren angeschafft, der in meinen Schränken, meinem Keller oder in der Garage herumsteht? Löse dich immer wieder von materiellen Dingen, die keine besondere Bedeutung mehr für dich haben und die du in den letzten drei Jahren nicht mehr benutzt oder angeschaut hast. Wer ängstlich oder krampfhaft an Dingen von gestern festhält, hat die Hände nicht frei, um die Geschenke des Lebens heute zu empfangen.

Wer an vollgestopften Kellern und Schränken leidet, der leidet an Verstopfung; er ist meist voller Ängste vor dem Morgen, genährt von Gedanken des Mangels, der Unsicherheit und der Ungeborgenheit. Wer solche Verstopfung lösen will, sollte nicht im Außen damit beginnen. Das ist bei den meisten zwecklos. Wie eine unsichtbare Macht halten Gedanken und Emotionen diese Person davon ab, endlich auszumisten, zu verschenken und loszulassen. Diese Menschen müssen erst innen beginnen, ihre Ängste zu verwandeln. Sie müssen ihre unwahren Gedanken über das Leben aufdecken und durch wahre Gedanken ersetzen, zum Beispiel mit »*The Work*« nach Byron Katie.

Das Leben ist wie ein ständiger Fluss; es bleibt nicht stehen. Ob Geld oder materielle Güter – alles will fließen. Versuche also nicht, diesen Fluss zu bremsen. Heiße die Geschenke des Lebens – in jeder Form – herzlich willkommen, liebe sie, genieße sie, nutze sie zu deiner Freude und zur Freude der anderen – und dann lass sie wieder ziehen im Bewusstsein, dass neue Geschenke auf dich warten.

GRUNDLEGENDE GEDANKEN:

- Einer der wirkungsvollsten und schnellsten Wege zur Fülle ist der, sofort mit dem Genießen zu beginnen.

- Diese äußere, materielle Welt ist nicht zu trennen von unserer inneren Welt. Das Äußere dient uns dazu, uns Freude zu machen und Freude zu empfinden.

- Sei mit den schönen Dingen des Lebens, aber klebe nicht daran, sondern löse dich immer wieder und mache dir bewusst: Das Wesentliche ist unsichtbar.

- Wir können nur das wirklich »besitzen«, was wir lieben.

- Wer ängstlich oder krampfhaft an Dingen von gestern festhält, hat die Hände nicht frei, um die Geschenke des Lebens heute zu empfangen.

- Das Leben ist wie ein ständiger Fluss; es bleibt nicht stehen. Ob Geld oder materielle Güter – alles will fließen. Versuche nicht, diesen Fluss zu bremsen.

29

Und gehst du nicht nach innen ...

Die westliche Art zu leben, in der wir groß geworden sind, ist extrem außenorientiert und damit im Ungleichgewicht. Die meisten Kinder lernen bis heute in den ersten sechs Lebensjahren, dass es besser ist, fleißig zu sein und viel zu tun, anstatt einfach dazusitzen, zu träumen, zu spielen und sich des Lebens zu freuen. Kinder wie Erwachsene werden danach bewertet und belohnt, was und wie viel sie tun, und nicht danach, wer und was sie sind. Wir haben gelernt, dass wir uns die Liebe und Anerkennung der anderen durch Leistung verdienen müssen. Und so laufen bis heute jeden Morgen Millionen von Menschen in ihr Leben hinein und in die Welt hinaus – innen hungrig nach Liebe und Bestätigung, voller Selbstzweifel und minderer Gedanken über ihren eigenen Wert. Sie arbeiten und strengen sich an, hetzen durchs Leben und rackern sich ab. Sie sind dauernd mit irgendetwas beschäftigt. Sie betonen extrem einseitig das männliche Prinzip oder die männliche Seite in sich. Und das Ergebnis hiervon: erschöpfte Frauen und Männer, die abends todmüde ins Bett fallen; im Innern äußerst unruhige Menschen, die nicht mehr zur Ruhe kommen; Menschen, die sich dauernd irgendwelchen Reizen aussetzen müssen, um sich von dem inneren Chaos abzulenken, sei es durch Fernsehen, Radio, Zeitung, Telefon, Internet, Alkohol,

Zigaretten, Kaffee u. a. Manchmal möchte ich diesen vielen rastlosen Menschen zurufen: Wie lange wollt ihr noch davonlaufen? Wisst ihr eigentlich, wohin ihr lauft? Und warum lauft ihr eigentlich so? Haltet mal inne!

Aber mit dem Anhalten tun sich viele Menschen sehr schwer, und das bringt ihr ganzes Leben und auch ihren Körper ins Ungleichgewicht. Das wahrscheinlich wichtigste Energiegesetz lautet: *Alles will Ausgleich!* Wenn die eine Seite zu stark betont wurde, fordert uns das Leben ständig auf, einen Ausgleich zu schaffen, um jetzt auch die andere Seite zu leben. Es sendet uns alle möglichen Signale, unsere einseitige Orientierung nach außen durch mehr Orientierung nach innen endlich auszugleichen. Auch in unseren Körpern spiegelt sich das extreme Ungleichgewicht zwischen Außen- und Innenorientierung wider. Spüre einmal mit geschlossenen Augen für eine Minute in deinen Körper hinein, und du wirst schon bald merken, auf welche Weise sich deine linke Körperhälfte von deiner rechten unterscheidet. Die eine wirkt meist kleiner, schwerer und weniger lebendig oder schmerzhafter als die andere.

Wer ein Leben in Fülle und Freude, in Leichtigkeit und Zufriedenheit erschaffen will, den ruft das Leben dazu auf, mehr und mehr nach innen zu gehen und seine »weibliche Seite« zu nähren. »*Und gehst du nicht nach innen, dann gehst du leer aus*«, sagt Gott zu Neale Donald Walsch und zu jedem von uns in »Gespräche mit Gott«.

Nach innen gehen heißt, zur Besinnung kommen, und das ist auf vielerlei Weise möglich. Wer 16 bis 18 Stunden durch den Tag hetzt und macht und tut, der verliert oft das Bewusstsein für den Sinn des Ganzen. In diesem Menschen verselbstständigt sich das Laufen und Hetzen wie beim Autopilotprogramm eines Fahrzeugs, und er ähnelt mit der Zeit eher einem Roboter als einem beseelten Wesen. Hält man solche Menschen einmal an oder fragt sie in einem Seminar: »Sag mal, was ist eigentlich das Wichtigste in deinem Leben? Worauf konzentrierst du dich in deinem Leben am meisten?«, dann fällt den wenigsten dazu eine klare Antwort ein. Vielen von uns ist der Sinn des Lebens verloren gegangen oder er war uns noch nie wirklich klar. Und kaum jemand hat seinem Leben bewusst einen bestimmten Sinn gegeben. *Der Sinn deines Lebens ist zunächst einmal der, den du selbst ihm gibst.* Du entscheidest das selbst! Und wie sinnvoll oder sinnlos du deinen Tag lebst, das entscheidest du bereits in der ersten Stunde jedes Tages. Hier findet die Entscheidung statt zwischen bewusster und unbewusster Lebensgestaltung.

Entscheide dich, dir Zeit zu nehmen, um nach innen zu gehen. Bevor du morgens in den Tag hineinfällst, nimm dir 15 bis 30 Minuten Zeit für die Stille. Setze dich in deiner Wohnung an einen stillen Ort, den du hierfür bestimmt hast. Ob auf einen Stuhl, ein Sofa oder ein Meditationskissen, ist nicht das Entscheidende. Schließe die Augen und atme ruhig, sanft und tief. Sei zunächst einfach still, damit die Wogen der Unruhe sich glätten können. Aber kämpfe nicht gegen deine Unruhe und deine abschweifenden Gedanken. Werde zum Beobachter dessen, was in dir ist, und sage dir liebevoll: *»Alles in mir darf jetzt da sein. Ich bin bereit, es wahrzunehmen und zu fühlen.«* Nach ein paar Minuten der Entspannung und des Atmens werde dir bewusst, dass jetzt ein neuer Tag angefangen hat, und finde heraus, was du am Anfang dieses Tages denken willst. Vielleicht sprichst du zunächst ein Gebet, das dir gefällt und dir aus der Seele spricht und guttut. Ein Beispiel für solch ein Gebet findest du im Anschluss an dieses Kapitel.

Und dann mach dir klar, was hier am Morgen eines Tages beginnt: Du fängst ein neues Schöpfungswerk an. Du hast einen neuen Tag geschenkt bekommen, um ihn zu gestalten wie ein Kunstwerk, um etwas Schönes daraus zu machen. Du bist ein Künstler. Mach dir diese Tatsache möglichst jeden Morgen klar. Das Leben / Gott hat dir einen neuen Tag geschenkt, und dieser Tag ist wie ein neues Leben. Dein Denker in dir hat schon seit deinem ersten Augenaufschlag angefangen zu denken und zu erschaffen – ohne dass du dir dessen bewusst warst. Aber hier in deiner Stille wirst du deiner Schöpfernatur wieder gewahr und entscheidest dich für ein bewusstes Denken und dafür, was du an diesem Tag erschaffen willst. Du sorgst also für Klarheit und Bewusstheit. Hier kannst du zum Beispiel sagen: »Ich wünsche mir heute einen Tag voller Achtsamkeit und Liebe zu mir selbst; ich wünsche mir einen Tag der Selbstzentriertheit. Ich wünsche mir, im Kontakt mit meinem Körper und meiner Seele zu bleiben und mich nicht zu verlieren. Ich gehe heute wieder liebevoll und achtsam mit mir selbst um. Denn ich bin der allerwichtigste Mensch in meinem Leben. Und ich will meinen Mitmenschen mit Neugier, Offenheit, Liebe und Mitgefühl begegnen.« So oder ähnlich kannst du zu dir selbst und zum Universum am Beginn eines jeden Tages sprechen. Dies wird seine Wirkung nicht verfehlen. Man nennt es Beten.

Diese 15 bis 30 Minuten in der Stille verbrachte Zeit sind die beste Investition, die du für dein Leben tätigen kannst. Bewusst verbrachte Zeit in der Stille sorgt für Klarheit in deinem Geist, für Harmonie in deinem Körper, für Bewusstheit und Achtsamkeit. Die größte Quelle für Leiden heißt Unbewusstheit. Über den Lebensläufen oder auf den Grabsteinen der meisten Menschen müsste der Satz stehen: *»Er/Sie wusste nicht, was er/sie tat.«* Meine Empfehlung: Gehe auch am Abend wieder für 15 bis 30 Minuten in die Stille, am besten nicht erst nach 23 Uhr, wenn du schon sehr müde bist, sondern noch zur »besten Fernsehzeit«. Hier gegen Ende des Tages kannst du dir liebevoll anschauen, ob du am Tag so gelebt hast, wie du es wolltest; wie du dir selbst und anderen begegnet bist und wes Geistes Kind du heute warst. Du kannst hier Frieden machen mit dir selbst und anderen, über die du dich an diesem Tag geärgert und die du verurteilt hast. Mache jeden Abend energetisch »Klarschiff« in deinem Energiehaus, damit du jederzeit bereit bist, zu gehen, wenn deine Stunde gekommen ist.

Das Leben oder Gott fragt dich also an jedem Morgen und den ganzen Tag über: »*Wes Geistes Kind bist du heute, mein Lieber / meine Liebe?*« Und du beantwortest diese Frage jede Stunde, jede Minute des Tages durch das, was du denkst, fühlst, sprichst und tust. Sorge dafür, dass du diese Frage jeden Tag bewusster und klarer beantworten kannst durch das, was du lebst und in die Welt ausstrahlst. Ständig steigende Bewusstheit und Achtsamkeit sind der Weg ins Reich der Fülle.

Bei der Aufgabe, ein ständig wachsendes Bewusstsein in uns zu erschaffen, auf dass wir immer leichter und kraftvoller das Reich der Fülle in unserem Leben erschaffen, helfen uns Gebete. Was ist ein Gebet? Es ist das, was du an Grundgedanken über dich, über das Leben und über Gott und dein Verhältnis zu ihm hinausgibst. Es ist deine Erklärung an alle im Universum, an das All über das, wer du bist und wer du sein willst. Deine Gebete – aus dem Herzen gesprochen – lenken deine schöpferische Kraft und ziehen wie ein Magnet das an, was dein Herz sich wünscht. Die kraft- und wirkungsvollsten Gebete sind Dankgebete. Denn mit ihnen bittest und bettelst du nicht und betonst nicht das, was du zu brauchen glaubst und nicht hast. Mit jedem Dank erklärst du, dass du beschenkt bist und jeden Tag, jede Stunde erneut beschenkt wirst. Und danken kannst du jeden Tag für unendlich vieles.

GRUNDLEGENDE GEDANKEN:

- Die meisten Menschen betonen in ihrer Art zu leben extrem einseitig das männliche Prinzip, indem sie vorwiegend tun, machen, hetzen und hasten. Gleichzeitig müssen sie sich durch eine Vielzahl von äußeren Reizen von ihrer inneren Unruhe ablenken.

- Das Leben ruft nach Ausgleich zwischen allen Polen und fordert uns auf, nach innen zu gehen und still zu werden.

- Wenn wir nach innen gehen, erschaffen wir Bewusstheit in uns. Bewusstheit erlaubt uns, das zu erschaffen, was uns glücklich macht.

- Gott fragt dich den ganzen Tag über, wes Geistes Kind du bist.

- Gebet ist das, was wir bewusst hinausgeben an Gedanken über uns und unser Leben. Es ist eine Erklärung an das Leben.

- Die besten Zeiten, nach innen zu gehen und zu beten, sind der Morgen und der Abend.

- Die kraftvollsten Gebete sind Dankgebete.

Gebet am Morgen

Danke, Vater-Mutter-Schöpfer-Gott,
für diesen neuen Tag, für dieses neue Leben,
das du mir schenkst, es zu gestalten.
Danke, dass du mich erschaffen hast
nach deinem Ebenbild.
Danke für dein herrliches Erbe, das in mir ist,
deine grenzenlose Kraft, zu erschaffen, und
deine unendliche Fähigkeit, zu lieben.
Ich werde heute das Allerbeste daraus machen,
dir zur Ehre und zur Freude.
Danke, dass du dich ausdrückst durch mich,
danke, dass du dich erfährst durch mich.
Danke, dass du mir begegnest in jedem Menschen,
in jedem Ereignis, in jeder Erfahrung.
Danke, dass du zu mir sprichst durch die Stimme meines
Herzens, die deine Stimme ist.
Ich will ihr lauschen und ihr folgen.
Möge dieser Tag gesegnet sein.
Möge es sein ein Tag der Freude und der Leichtigkeit,
ein Tag der Achtsamkeit und ein Tag der Liebe,
ein Tag der Kreativität und ein Tag des Friedens.
Möge es ein heiliger und ein heilender Tag sein.
Möge heute das Bewusstsein in mir wachsen,
dass ich eins bin mit dir, das heißt eins mit
ALLEM-WAS-IST.
Dies ist mein Wunsch und mein Wille.
Und so sei es. Amen!

Gebet am Abend

Danke, Vater-Mutter-Schöpfer-Gott,
du meine Quelle, du meine Liebe.
Danke für diesen gelebten Tag.
Danke für alle Gedanken, die ich denken durfte.
Danke für alle Gefühle, die ich fühlen durfte.
Danke für alle Worte, die ich sprechen durfte.
Danke für all meine Handlungen.
Danke für jede Begegnung mit meinen Mitmenschen.
Danke für jede Begegnung mit Pflanzen,
Tieren und allem, was lebt.
Danke für die Sonne, den Wind und den Regen.
Danke für den Mond und die Sterne.
Danke für die Begleitung durch deine Engel.
Danke für deine Führung.
Am Ende dieses Tages möchte ich all das segnen,
was ich erschuf, auch das, was nicht in der Liebe war.
Ich übernehme meine Verantwortung für alles,
was ich heute erschuf.
Ich habe es gemacht, so gut ich konnte.
Heute Abend nehme ich all meine Urteile zurück,
die ich über mich selbst fällte und über andere.
Ich bitte um Vergebung, denen ich in der Unliebe begegnete.
Und ich vergebe allen, die mir in der Unliebe begegneten.
Möge Friede sein in mir und in allen Menschen.
Mögen die Engel mich in dieser Nacht gut begleiten.
Möge die Nacht gesegnet sein.
So sei es und so wird es sein! Amen!

30

Lebe dein Leben – sei du selbst

Ein grundlegender Gedanke, den »es« in vielen Menschen denkt, lautet: »Ich will etwas Besonderes sein.« Die
meisten Menschen sind nicht beseelt von dem Gedanken:
»Ich bin etwas Besonderes«, sondern »es« denkt: »Ich will
etwas Besonderes sein!«

Hinter solchen Gedanken können wir sehr leicht die
hintergründige Überzeugung heraushören: »Ich bin nichts
Besonderes.« Das ist der fatale Grundirrtum, an den Millionen von Menschen glauben: »Ich bin nichts Besonderes,
sondern das Gegenteil. Ich bin wie die meisten, ich bin
normal, ich bin nicht besonders gut, nicht besonders schön,
nicht besonders reich, nicht besonders wertvoll, nicht besonders liebenswert ...« Das ist es, was Millionen Menschen über sich im Innern, das heißt im Unbewussten, denken. Aber sie übernehmen für diese Gedanken nicht die
Verantwortung, das heißt, sie machen sich nicht klar, dass
sie sich irgendwann einmal selbst entschieden haben, so
über sich zu denken, dass sie wählten, nichts Besonderes
zu sein.

Wie heißt die Wahrheit? Sie lautet: *Du bist etwas Besonde-*
res, sogar etwas ganz Besonderes. Du bist das heilige, unendlich

geliebte Kind Gottes, du bist ein Kind der Liebe, ausgestattet mit Schätzen und Talenten, und du hast alles zu deiner Verfügung. Nur vergessen hast du es. Aber dein Nächster, dein Nachbar, dein Kollege ist auch etwas ganz Besonderes …

Wenn das Ego denkt: »Ich bin etwas Besonderes«, dann denkt es: »Ich bin etwas Besonderes im Vergleich zu meinem Nachbarn. Wenn ich etwas Besonderes bin, kann der andere nicht auch besonders sein.« Die Wahrheit heißt: Wir alle sind etwas ganz Besonderes, jeder für sich und wir alle gemeinsam. Jeder unterscheidet sich auf einzigartige Weise vom anderen, aber alle ergänzen sich auf das Wunderbarste. Jeder ist ein Ausdruck Gottes, des Alles-Was-Ist.

Wir glauben nicht an das Besondere in uns und nicht in anderen. Wir glauben vielleicht daran, dass ein paar wenige, vielleicht Jesus oder Buddha, Mutter Teresa oder Albert Schweitzer, Nelson Mandela oder Sai Baba, etwas Besonderes waren oder sind. Aber wir benutzen sie nur, um unsere eigene Kleinheit und Minderwertigkeit zu untermauern und zu zementieren.

Das Leben, Gott, wünscht sich, dass du das Besondere in dir selbst entdeckst – und es lebst. Mach dein Leben zu etwas ganz Besonderem und öffne dich der Wahrheit, dass du selbst und das Leben und damit Gott EINS sind, nicht getrennt voneinander. Das heißt, du bist EINS mit Gott, Gott ist EINS mit dir. Du bist EINS mit der ALL-LIEBE, du bist EINS mit der ALL-WEISHEIT und dem ALL-WISSEN.

Und Gott will sich durch dich auf einzigartige Weise in der Welt ausdrücken. Denn dich gibt es nur ein Mal unter derzeit 7,28 Milliarden Menschen auf Mutter Erde. Alles ist in dir vorhanden. Nur entdecken darfst du es noch.

Glaube nicht deinem Denker, der sich einbildet, zu wissen, wer und was du bist. In deinem Kopf steckt nur das, was du in der Vergangenheit dort hineingesteckt hast, und das sind meist Gedanken, die du von anderen übernommen hast. Öffne dich der Wahrheit, dass du bisher so wenig von deinem wahren Wesen kennst, wie die Spitze deines kleinen Fingernagels im Vergleich zu deinem ganzen Körper ausmacht. Werde neugierig auf das, was du bist, und lebe jeden Tag ein Stück bewusster mit der Frage »*Wer will ich sein?*«. Und jeder deiner gelebten Tage ist eine Antwort auf diese Frage. Selbst wenn du neunzig Jahre alt werden solltest – dieses dein Leben kommt dir am Ende sehr kurz vor. Das liegt unter anderem daran, dass wir zunächst vier, oft fünf Jahrzehnte mehr oder weniger unbewusst vor uns hin leben, ohne zu wissen, was wir da tun und was wir wirklich wollen.

Wenn du ins Reich der Fülle gelangen willst und ein von Freude und Begeisterung, von Frieden und Harmonie erfülltes Leben führen willst, dann entscheide dich klar und deutlich dafür. Gib eine grundlegende Erklärung – schriftlich und mündlich – an das Universum ab, die aus deinem Herzen kommt. Erkläre vor dir selbst und vor Gott, wer du sein willst und wozu du dein Leben leben willst. Was soll dir das Allerwichtigste sein in deinem Leben? Worauf willst du dich jeden Tag konzentrieren, worauf soll dein Denken und Sprechen, dein Fühlen und Handeln gerichtet sein? Wenn du Erfolg in deinem Leben haben willst, dann musst du selbst ein Erfolg sein und dich als solchen begreifen. Du bist bereits von Haus aus als göttliches Wesen – ausgestattet mit unendlicher Schöpferkraft und Liebe – ein Erfolg, auch wenn dein Denker in dir das vielleicht noch nicht glaubt. Aber öffne dich diesem Gedanken und lebe danach, und du wirst seine Wahrheit erkennen.

Richte dich nicht nach den anderen, sondern lebe dein eigenes Leben nach den Maßstäben und Werten, die du dir selbst gesetzt hast. Deine Erklärung an Gott und das gesamte Universum könnte zum Beispiel lauten:

* * *

Ich entscheide mich dafür, in diesem Leben
mein ganzes Potenzial zu entdecken und zu leben
und meine Talente und Schätze in die Welt zu bringen,
in kraftvollem Selbstausdruck.
Ich entscheide mich,
der Stimme meines Herzens zu folgen
und den Weg der Freude und Begeisterung zu gehen.
Ich will alles leben, was mein Herz zum Singen bringt.
Ich öffne mich dafür,
dass das Leben viele Geschenke für mich bereithält,
und ich nehme täglich alle Geschenke
des Lebens liebend und dankbar an.
Ich will mich nicht mit anderen vergleichen
und gönne jedem das Seine.
Ich möchte mit Liebe
aus meinem Leben einen Erfolg machen.
Und wenn ich mich selbst liebe, dann bin ich ein Erfolg.
Ich habe Fülle und Erfülltheit,
Lebensglück und Erfolg verdient.
Und ich danke jetzt schon für alle Geschenke,
die ich erhalte.

* * *

Verwende ein wenig Zeit darauf, deine ganz eigene Lebenserklärung zu formulieren. Sie sollte so kraftvoll sein, dass dir ein warmer Schauer den Rücken hinunterläuft, wenn du sie aussprichst. Und sie sollte so klar und in dir verankert sein, dass ich dich nachts wecken könnte mit der Frage: »Sag mal, für was für ein Leben hast du dich entschieden? Wozu lebst du hier deine Jahre?« Und du würdest ohne zu zögern deine ganz eigene Erklärung abgeben können.

Noch einmal: Weil du ein göttliches Wesen bist, bist du ein machtvolles Wesen. Was dein Herz dir flüstert, das kannst du aus deinem Leben machen. Hör auf, kleine Brötchen zu backen, nur weil das die anderen auch tun und nicht gerne sehen, dass du ausscherst aus ihren Reihen. Du tust niemandem einen Gefallen, wenn du darauf verzichtest, aus deinem Leben das Allerschönste, Allerbeste, Allerwertvollste zu machen. Dein Leben ist von Haus aus ein Rohdiamant. Und du schleifst es jeden Tag mit deinen Gedanken, Worten und Werken. Mach es zum weithin strahlenden Juwel und lass alle an dir und deinem Lebenserfolg Freude haben.

Lass dich ein weiteres Mal durch die Worte der amerikanischen Priesterin Marianne Williamson ermutigen:

»Unsere größte Angst ist nicht, unzulänglich zu sein. Unsere größte Angst ist, grenzenlos mächtig zu sein. Unser Licht, nicht unsere Dunkelheit, ängstigt uns am meisten. Wir fragen uns: Wer bin ich denn, dass ich so brillant sein soll?

*Aber wer bist du, es nicht zu sein? Du bist ein Kind Gottes.
Es dient der Welt nicht, wenn du dich klein machst. Sich
klein zu machen, nur damit sich andere um dich herum
nicht unsicher fühlen, hat nichts Erleuchtetes an sich.
Wir wurden geboren, um die Herrlichkeit Gottes, der in
uns ist, zu manifestieren. Er ist nicht nur in einigen von
uns, er ist in jedem Einzelnen. Und wenn wir unser Licht
scheinen lassen, geben wir damit unbewusst anderen die
Erlaubnis, es auch zu tun.
Wenn wir von unserer eigenen Angst befreit sind, befreit
unsere Gegenwart automatisch die anderen.«*

MARIANNE WILLIAMSON, »RÜCKKEHR ZUR LIEBE«

GRUNDLEGENDE GEDANKEN:

- Du bist etwas ganz Besonderes. Du bist das heilige, unendlich geliebte Kind Gottes, du bist ein Kind der Liebe, ausgestattet mit Schätzen, Talenten und einem unendlich großen Potenzial.
- Wir benutzen »große Menschen« oft, um unsere eigene Kleinheit und Minderwertigkeit zu untermauern und zu zementieren.
- Werde neugierig auf das, was du bist, und lebe jeden Tag ein Stück bewusster mit der Frage »Wer will ich sein?«.
- Wenn du Erfolg in deinem Leben haben willst, dann musst du selbst ein Erfolg sein und dich als solchen begreifen.
- Gib eine grundlegende und kraftvolle Erklärung an das Universum ab – darüber, wer du sein willst und wozu du dein Leben leben willst.
- Richte dich nicht nach den anderen, sondern lebe dein ganz eigenes Leben.
- Lebe dein ganzes Potenzial und gehe in deine ganze Größe – zur Ermutigung aller anderen und zur Ehre und Freude Gottes.

31

Willkommen im Reich der Fülle

Am Ende dieses Buches möchte ich mit dir noch einmal die ganze Fülle deines Werkzeugkastens anschauen, der dir jetzt zur Verfügung steht. Wenn dir das Buch gefallen hat, dann lies es noch mal und noch mal und noch mal. Warum? Erst wenn du das Gelesene so in dich aufgenommen hast, dass du die Kerninhalte deinem Partner oder deiner Freundin erzählen kannst, ohne ins Buch zu schauen, lebst du das Gelesene auch. Bei jedem Buch, das dich wirklich anspricht oder berührt, empfehle ich dir das mehrmalige Lesen. Die Menschen, die die größten Schritte in ihrem Leben gemacht haben in das Reich der Fülle, haben einige meiner Vorträge wieder und wieder gehört oder ein Buch wieder und wieder gelesen. Denn unser Mangelbewusstsein ist ja auch nicht über Nacht entstanden, sondern es ist uns jahrein, jahraus eingetrichtert worden durch Eltern, Lehrer, Kollegen, Freunde, Nachbarn und durch die Medien, das heißt, durch das ständige Wiederkäuen unwahrer Gedanken. Um dieses Bewusstsein des Mangels zu transformieren, ist es nötig, seinen ganz persönlichen Fülle-Kurs zu finden und zu halten. Hierunter verstehe ich, dass du dich jeden Tag an den einen oder anderen wesentlichen Gedanken erinnerst und die eine oder andere Gewohnheit einübst, die dein Bewusstsein der Fülle nährt. Eine dieser Gewohnheiten mag sein, dir jeden

Morgen im Spiegel deines Badezimmers sehr bewusst zu begegnen, dir in die Augen zu schauen und dir selbst ein paar liebevolle Worte zu sagen, ja täglich eine Liebeserklärung an dich selbst abzugeben, wie zum Beispiel:

Guten Morgen, meine Liebe / mein Lieber!
Du bist der wichtigste Mensch in meinem Leben
und ich liebe dich. Du bist wunderbar.
Ich wünsche dir einen wunderschönen Tag.
Und wir zwei machen das heute wieder sehr gut.
Auf geht's!

Noch mehr Gewinn wirst du aus diesem Buch ziehen, wenn du dir die von mir besprochene gleichnamige Begleit-CD anhörst und sie »durchlebst«. Sie greift in 34 Abschnitten eine Vielzahl der Grundgedanken dieses Buches auf und präsentiert dir darauf abgestimmte Besinnungsfragen sowie eine Fülle von Übungsempfehlungen. Wer diese CD ernsthaft für sich nutzt, kann über einen Monat lang jeden Tag eine halbe Stunde etwas äußerst Wirkungsvolles für seine Bewusstseinsklärung und -bildung und damit für seine Daseins-Fülle tun. Am Ende dieser CD spreche ich dann noch alle Affirmationen des letzten Kapitels, die du wie eine Meditation anhören kannst.

An folgende Kerngedanken darfst du dich in Zukunft immer wieder erinnern und liebevoll prüfen, wie du sie noch besser leben bzw. ihnen in deinem Leben Ausdruck verleihen kannst:

☆ Die Hauptursache aller Mangelzustände in meinem Leben war die mangelnde Liebe, Wertschätzung und Anerkennung meiner selbst. Das Eintrittsticket in das Reich der Fülle heißt: Selbst-Wertschätzung, Selbstachtung und Selbstliebe. Für diesen Weg entscheide ich mich.

☆ Ich habe mich in der Vergangenheit für vieles verurteilt, weil ich den Gedanken anderer über mich Glauben schenkte. Ich nehme alle Verurteilungen meiner selbst und alle minderen Gedanken über mich mehr und mehr bewusst zurück und entscheide mich für ein neues Denken über mich. Einer dieser neuen Gedanken lautet: »Ich habe es immer und zu jeder Zeit so gut gemacht, wie ich es konnte. Und dafür lobe ich mich heute. Ich vergebe mir selbst all die Unliebe, die ich mir antat.«

☆ Ich habe mich in der Vergangenheit in meinem Denken von anderen getrennt und auch diese verurteilt: meine Eltern, meine Geschwister, meine Ex-Partner, meine Ex-Chefs, Kollegen, Nachbarn u. a. Verurteilen ist ein Denken, das ins Land des Mangels führt. Denn jedes Urteil über andere ist ein verstecktes Urteil über mich selbst. So will ich auch allen anderen vergeben und meine Urteile zurücknehmen. Jeder von ihnen hat es so gut gemacht, wie er konnte. Sie konnten nicht anders, genau wie ich selbst nicht anders konnte. Sie haben ihr

Bestes gegeben, genau wie ich selbst. Und oft wussten sie nicht, was sie taten, und so erging es auch mir selbst.

☆ Ich war niemals Opfer von irgendjemandem, und niemand war in Wirklichkeit ein Täter. Solange ich mich als Opfer eines Menschen oder eines Schicksals betrachte, erleide ich Mangelzustände. Alles in meinem Leben hat mir gedient, um aufzuwachen und zu erkennen, wer ich wirklich bin. Ich öffne mich dem Gedanken, dass alles, was ich erfuhr, mit dem Willen aller beteiligten Seelen geschah.

☆ Alles im Leben hat seinen guten Sinn. Diesen Sinn kann ich erst erkennen, wenn ich mich für diesen Gedanken öffne. Wer denkt, dies oder jenes habe keinen Sinn, der kann den Sinn nicht erkennen.

☆ Welchen Sinn hat mein Leben? Es hat den Sinn, den ich ihm gebe. Welchen Sinn könnte ich ihm geben? Ich gebe meinem Leben folgenden Sinn: … (Und jetzt bist du dran, genau den Sinn zu formulieren, den du deinem Leben geben willst.)

☆ Ich werde vom Leben täglich beschenkt. Das ganze Leben ist ein großes Geschenk. Ich mache mir täglich bewusst, wie viele Geschenke ich vom Leben erhalte, von den kleinen bis zu den großen. Und ich danke dem Leben, dem Himmel, Gott für all diese

Geschenke. Und ich begreife: Ich bin und fühle mich reich beschenkt. Und ich habe alles, was ich brauche, und weit mehr. Ich mache mein Denken mehr und mehr zum Danken. Denn hierzu habe ich reichlich Anlass.

☆ Ich entscheide mich, das zu tun und zu leben, was mein Herz zum Singen bringt. Ich will mein Herz danach befragen, was ihm Freude macht, und nicht weiter den unwahren Gedanken meines Denkers und inneren Kritikers glauben. Ich entscheide mich dafür, konsequent den Weg des Herzens zu gehen.

☆ Ich will mir Zeit nehmen, nach innen zu gehen. Denn wer nicht nach innen geht, geht leer aus. Nach innen gehen heißt, die Stille zu suchen, zu atmen, sich zu spüren, zu lauschen, auf die innere Stimme zu hören und zu fühlen, was mein Körper und meine Seele mir zu fühlen geben. Ich gehe regelmäßig in die Stille, am Morgen und möglichst auch am Abend jedes Tages. Und wenn ich es einmal vergesse, dann nehme ich es mir nicht übel.

☆ Ich will tagsüber Achtsamkeit, Aufmerksamkeit und Bewusstheit üben. Ich will mir bewusst sein, was ich gerade denke, fühle, spreche und tue. Denn dies sind meine Schöpfungsinstrumente. Ich will bewusster und bewusster da sein und erschaffen. Denn nur in der Gegenwart kann ich empfangen. Nur im Präsens kann ich die Präsente des Leben erhalten.

☆ Ich will alle Wünsche meines Herzens aufmerksam und liebevoll erforschen, und ich entscheide mich, diese Wünsche in meinem Leben zu verwirklichen. Hierzu habe ich alle Werkzeuge in der Hand. Nichts und niemand kann mich davon abhalten, all das in die Wirklichkeit zu denken, zu fühlen und zu visualisieren, was mein Herz sich zu erschaffen ersehnt.

☆ Ich will der Freude in meinem Leben einen hohen Stellenwert geben. Mein Leben soll eine große Feier sein, ein Freudenfest, denn es gibt jeden Tag vieles, über das ich mich freuen kann. Der größte Anlass zur Freude bin ich selbst für mich. Wenn ich mich liebe und mir selbst treu bin, dann feiere ich das Leben mit mir selbst. Dazu brauche ich keinen anderen Menschen.

☆ Ich will meine Schätze, Talente, meine Neigungen und Begabungen erkennen und sie in die Welt bringen. Ich will kraftvoll und mit Freude das in meinem Sein und meinem Tun ausdrücken, was Gott / das Leben mir geschenkt hat, mir selbst zur Freude und zur Freude meiner Mitmenschen. Ich will meiner Arbeit mit Achtsamkeit und Liebe nachgehen. Ich will mit Liebe tun, was mein Herz zu tun liebt. Denn Arbeit ist sichtbar gemachte Liebe.

☆ Ich will meine Gefühle nicht weiter verdrängen, sondern sie leben. Ich entscheide mich, alle Gefühle, die in mir auftauchen, besonders die bisher als unangenehm empfundenen, wie Angst, Wut, Ohnmacht, Trauer, Schuld, Scham, Einsamkeit, Neid, Eifersucht usw., bewusst zu fühlen und sie anzunehmen mit dem Satz: »Alles in mir darf jetzt da sein. Ich bin bereit, dieses Gefühl jetzt bewusst und bejahend zu fühlen und auszusprechen.« Hierdurch können alle diese Energien ins Fließen kommen und verwandelt werden.

☆ Ich will mir Zeit nehmen und auf meine Gedanken lauschen. Besonders meinen Gedanken über mich selbst, über das Leben und über meine Mitmenschen will ich Aufmerksamkeit schenken, sie aufschreiben und sie auf Wahrheit und Unwahrheit überprüfen. Ein Gedanke, der mich eng, schwer und angespannt macht, ist nicht wahr. Ein Gedanke, der mich weit, entspannt, offen macht, ist ein wahrer Gedanke. Wenn ich tiefer gehen will in der Erforschung meiner Gedanken, finde ich mit »The Work« von Byron Katie ein erstklassiges Werkzeug.

☆ Ich will in meinem Leben ein Gebender sein. Denn ich weiß: Wer gibt, der empfängt. Und ich habe viel zu geben. Ich selbst bin ein großes Geschenk für die Welt, für meine Mitmenschen. Selbst mein Lächeln ist schon ein schönes Geschenk. Mein Zuhören, mein Dasein, mein Nicht-Urteilen, meine Aufmerksamkeit, mein Vorbild – all das sind Geschenke von mir an die Welt.

✩ Ich will ein Empfangender sein, denn Geben ist nicht seliger als Nehmen. Mein Empfangen erlaubt anderen zu geben. Ich darf empfangen. Ich habe es verdient, zu empfangen. Nicht durch meine Leistung, sondern dadurch, dass ich bin. Ich gehe an jedem Morgen in Empfangsbereitschaft, indem ich sage: »Ich nehme alle Geschenke dieses Tages liebend und dankbar an.«

✩ Ich will meine NEINs zum Leben erforschen. Ich will feststellen, wo ich begonnen habe, NEIN zum Leben zu sagen, und mein Herz verschlossen habe. Ich will das Kind in mir aufsuchen und mit ihm fühlen, und meine Liebe wird es erlösen. Denn als Kind habe ich bereits NEIN gesagt, und dieses NEIN hatte Folgen in meinem Leben. Es erzeugte Zustände des Mangels. Ich entscheide mich, jedes NEIN in ein großes JA zu verwandeln; in ein JA zu mir selbst, zu meinem Körper, zu mir als Frau oder als Mann, zu meinem Leben auf dieser Mutter Erde.

✩ Ich will all meine Verstrickungen mit meinem Vater und meiner Mutter anschauen und meinen Blick auf beide reinigen, den ich mir als Kind angewöhnt habe. Denn jedes Kind verstrickt sich mit Mutter und Vater in den Jahren des Zusammenseins. Ich entscheide mich bewusst für Klarheit, Frieden und Freiheit zwischen mir und meinen Eltern sowie mit allen Menschen, mit denen ich bisher im Unfrieden bin. Dies öffnet mich für das Reich der Fülle.

☆ Ich öffne mich für eine lebendige, persönliche Beziehung zu Vater-Mutter-Schöpfer-Gott, der mich erschuf als sein Kind; als ein Kind der Liebe und der Freude. Ich bin bereit, mich an diese meine wahre Natur wieder zu erinnern. Ich öffne mich dem Gedanken, dass ich ein göttliches, heiliges, sündenloses und unversehrtes, großes und schönes Wesen bin, das ewig lebt. Ein Wesen, das sich einmal entschieden hat, hierher zu kommen in diesen Körper, um die Scheinwirklichkeit des Mangels zu erfahren. Diese Erfahrung habe ich jetzt lange genug gemacht. Heute entscheide ich mich neu. Ich entscheide mich, zu erwachen in das Reich der Fülle hinein. Ich bin bereit, mich wieder ganz und gar zu erinnern, wer und was ich wirklich bin.

☆ Ich will der Liebe folgen, denn die Liebe ist das, was ich wirklich bin. Ich bin eins mit dem Vater, der die All-Liebe ist, und die Liebe ist allgegenwärtig. Darum will ich der Liebe in meinem Leben den allerhöchsten Stellenwert geben. Denn was nützt es, irdische Reichtümer zu besitzen, und du hast die

Liebe nicht? Nur meine Liebe macht mich zum wahren Besitzer, nur sie macht mich wirklich reich. Es lebe die Liebe in meinem Denken, Sprechen und Tun. Es lebe die Liebe!

Willkommen im Reich der Fülle!

Über den Autor

Robert Theodor Betz, Dipl. Psych., geboren am 23. 9. 1953 im Rheinland bei Köln, ist einer der bekanntesten Bestseller-Autoren der Lebenshilfe-Literatur und gehört zu den erfolgreichsten Seminarleitern und »Top-Speakern« im deutschsprachigen Raum. Seine lebensnahen, lebendig gestalteten und humorvollen Vorträge, zu denen bereits 50 000 Besucher pro Jahr kommen, begeistern mehr und mehr Menschen quer durch alle Bevölkerungs- und Altersgruppen. Sie erläutern in einer für alle verständlichen Sprache, wie wir trotz materieller Fülle und vielen Jahrzehnten des äußeren Friedens Mangelzustände, Krankheiten und Unzufriedenheit sowie Verletzungen und Enttäuschungen in unseren zwischenmenschlichen Beziehungen erschaffen. Darüber hinaus zeigen sie jedoch zugleich wirkungsvolle Schritte auf, mit denen der Mensch sich selbst helfen und seinem Leben eine neue Richtung geben kann.

Er selbst tat dies im Alter von 42 Jahren, als er aus seiner Position als »Vice President Marketing Europe« in einem amerikanischen Industrieunternehmen ausschied, sich eine längere Zeit der inneren Klärung gönnte und sich später in München und Lindau als psychologischer Therapeut niederließ und Ende der 90er-Jahre mit ersten Vorträgen und Seminaren begann.

In den Jahren danach entwickelte er aus einer christlich-spirituellen Grundhaltung heraus, die weder an eine Kirche noch an eine Religion oder irgendeine Glaubensgemeinschaft oder Organisation gebunden ist, einen eigenen therapeutischen und zugleich Selbsthilfeweg unter der Bezeichnung »Transformations-Therapie nach Robert Betz«®. Seit 2002 bildete er zusammen mit eigenen Ausbildern Therapeuten in dieser Richtung aus. Das Menschenbild, das seiner Arbeit zugrunde liegt, sieht den Menschen von Natur aus als ein Wesen der Liebe, dessen Herz nichts als lieben will, das jedoch seine Verbindung zu seiner wahren Natur verloren bzw. vergessen hat. In diesen Jahren der großen Transformation, des Wandels von Mensch und Erde, erinnert sich der Mensch, so Robert Betz, wieder an seine göttliche Herkunft und wird sich seiner Liebesnatur wieder bewusst. Diese Wieder-Erinnerung wird nach seiner Überzeugung zu einem grundlegenden Wandel im Menschen und in der Gesellschaft führen.

Der Beziehung zwischen Frau und Mann widmet Robert Betz einen großen Teil seiner Arbeit, da sie neben den »Bühnen« Körper, Psyche und Firmen im Mittelpunkt der großen Umbrüche dieser Zeit stehe. Zu diesem Thema finden sich in seinem Angebot zahlreiche Vorträge und geführte Meditationen.

Sein Top-Bestseller *Willst du normal sein oder glücklich?* steht seit über vier Jahren konstant auf der SPIEGEL-Bestseller-Liste.

Informationen über seine Angebote und die anderer Seminarleiter, die von ihm ausgebildet wurden, unter anderem über die beliebten Urlaubs-Seminare auf der griechischen Insel Lesbos, finden sich auf seiner Website www. robert-betz.com. Seminar- und Ausbildungsunterlagen können angefordert werden unter info@robert-betz.com oder ausbildung@robert-betz.com

Literaturhinweise

Arnold-Dinkel, Priska, *Der Mahatma-Prozess*, ch.falk, 2002

Cameron, Julia, *Der Weg des Künstlers*, Knaur, 2000

Dahlke, Ruediger und Klein, Nicolaus, *Das senkrechte Weltbild*, Ullstein, 2005

Egli, René, *Das LOLA-Prinzip, Die Vollkommenheit der Welt*, Editions d'Olt, 1999

Egli, Françoise und René, *Illusion oder Realität?, Die praktische Umsetzung des LOLA-Prinzips*, Editions d'Olt, 1999

Ein Kurs in Wundern, Foundation for Inner Peace, Greuthof, 1994

Gibran, Khalil, *Der Prophet*, Patmos, 2006

Grattan, Brian, *Mahatma*, Light Technology, 1991

Grattan, Brian, *Mahatma II*, Light Technology, 1993

Katie, Byron, *Über Arbeit und Geld*, Goldmann-Arkana, 2006

Keriman, Gabi, *Zum Reichtum geboren*, Muti Publishing, 2005

King, Jani, P'taah, *Botschaften des Lichts & Hoffnung und Liebe für Erde und Menschheit*, Heyne, 2005

Kingston, Karen, *Feng Shui gegen das Gerümpel des Alltags*, Rowohlt, 2003

Kössner, Christa, *Die Spiegelgesetz-Methode*, Ennsthaler, 2001

Kybalion, Eine Studie über die hermetische Philosophie des alten Ägyptens und Griechenlands, Edis, 1997

Nidiaye, Safi, *Die Stimme des Herzens*, Bastei-Lübbe, 2000

Nidiaye, Safi, *Das Bewusstseins-Orakel*, Ullstein, 2004

Osho, *Das Buch vom Ego*, Heyne 2004

Osho, *Liebe, Freiheit, Alleinsein*, Goldmann-Arkana, 2002

Russell, Walter, *Das Genie steckt in jedem*, Genius, 1998

Russell, Walter, *Die Botschaft der Göttlichen Iliade*, Genius
2005

Tolle, Eckhart, *Leben im Jetzt*, Goldmann-Arkana, 2002

Tolle, Eckhart, *Jetzt, Die Kraft der Gegenwart*,
J. Kamphausen, 2002

Vödisch, Barbara, *Lady Nada, Botschaften der Liebe*, Sma-
ragd, 1999

Walsch, Neale Donald, *Gespräche mit Gott*, Bände 1–3, Gold-
mann, 1997

Weinberg, Steven L. (Hrsg.), *Ramtha – Das weiße Buch*,
In-Der-Tat, 1995

Vorträge und Meditationen
von Robert Betz auf CD

VORTRÄGE:

Willkommen Fülle!
Die Schlüssel zu Erfolg, Wohlstand und Lebensglück

Bist du noch normal oder schon glücklich?
Vom Aufbruch in ein neues Leben und Lieben

Pinke, Kohle, Mäuse
Der Weg vom Mangel zur Fülle

Lass dich tragen vom Fluss des Lebens
Eine Anleitung zu einem Leben in Leichtigkeit

Das Herz führt immer zum Erfolg
Wie Du Erfolg, Wohlstand und Glück in dein Leben ziehst

Ich muss es schaffen
Über Leistungsdruck, Erfolg und Lebenserfüllung

Arbeit ist sichtbar gemachte Liebe
Wie wir wieder Freude an der Arbeit finden

Tu das, was du zu tun liebst...
Vom Sinn der Arbeit und vom Unsinn der Freizeit

Sei nicht gut – sei wahrhaftig
Einladung zu einem Leben als Original

Entschleunige dein Leben und besinne dich auf das Wesent-
liche!
Wie wir Stress, Druck, Erschöpfung hinter uns lassen können
und Harmonie, Gesundheit und Zufriedenheit erschaffen

Unsere Kinder: Spiegel, Lehrer und Führer
Wie wir Kinder besser verstehen und ihnen gute Wegbegleiter
sein können

Mich selbst lieben lernen
Selbstwertschätzung und Selbstliebe als Grundlage glücklichen Lebens

MEDITATIONEN:

Mir selbst vergeben, mich selbst annehmen
Begegnung mit mir selbst in meinem inneren Raum

Befreie und heile das Kind in dir
Geführte Meditation zur Verwandlung deines inneren Kindes

Schluss mit Hetze, Druck und Stress
Befreiende Begegnungen mit deinem inneren Antreiber, Richter und Perfektionisten

Mich von alten Begrenzungen befreien
Die ›Hausputz‹-Meditation für deinen feinstofflichen Körper

Räume dein inneres Haus auf und finde deinen Weg
Zwei spannende Reisen in dein Inneres für einen bewussten, klaren Lebensweg

Komm in deine Mitte!
Kurze Meditationen für den Alltag

Frieden mit meinen »Arsch-Engeln«
Verstrickte und zerstrittene Beziehungen verstehen und verwandeln

Mit meinem Krafttier in Schwung kommen!
Wie wir Schwäche, Erschöpfung und Müdigkeit verwandeln

Nimm deinen Thron wieder ein!
Meditationen, mit denen du deine wahre Größe erkennst

Befreie deine Ahnen, deine Familie und dich
Friedenstiftende Begegnungen mit all deinen Vorfahren

Der Mann und die Frau in Dir
Geführte Meditationen zum inneren Wesen deines Männlichen und Weiblichen

Eltern helfen ihrem Kind und sich selbst
Innere Begegnungen mit kleinen oder erwachsenen Kindern

Robert Betz

Willkommen im Reich der Fülle:
Das Hörbuch

Robert Betz
Willkommen im Reich der Fülle

Wie du Erfolg, Reichtum und
Lebensglück erschaffst

ISBN 978-3-942581-89-9

Verlag Robert Betz

Über www.robert-betz.com
erhältlich

In diesem Hörbuch finden Sie den vollständigen Text des
Buches *Willkommen im Reich der Fülle*. Der Autor Robert
Betz liest das Buch persönlich. Durch seine lebendige
und eindringliche Stimme wird dem Hörer der Inhalt des
Buches noch leichter zugänglich.

Dein Weg zu Erfolg, Fülle und Erfüllung

Schlüsselgedanken zur Selbsterforschung

Robert Betz
Dein Weg zu Erfolg, Fülle und Erfüllung
Schlüsselgedanken zur Selbsterforschung
ISBN 978-3-942581-88-2
Verlag Robert Betz

Über www.robert-betz.com *erhältlich*

Die Begleit- und Arbeits-CD zum gleichnamigen Buch, gesprochen von Robert Betz. Mit ihr kann der Leser die Inhalte auf sein persönliches Leben anwenden und sehr genau herausfinden, warum er selbst in diesem oder jenem Lebensbereich noch nicht in der Fülle, der Freude, der Erfüllung ist.

In 34 kurzen Abschnitten bietet die CD die Möglichkeit, die Kerngedanken des Buches zu verinnerlichen. Diese CD ist also kein klassisches Hörbuch, sondern eine wirkungsvolle Ergänzung, damit das Buch im Leben des Lesers Früchte trägt.

Robert Betz

Das Leben aktiv selbst gestalten und glücklich werden

Robert Betz
Dein Basis-Paket
10 Vortrags- und Meditations-CDs
ISBN: 978-3-9425-8169-1
Verlag Robert Betz

Über www.robert-betz.com *erhältlich*

4 Vortrags-CDs:

Erkenne dich in den Spiegeln deines Lebens

Raus aus den alten Schuhen

Angst, Wut, Schmerz in Freude verwandeln

Glücklich in einem gesunden Körper – ein Leben lang

6 Meditations-CDs:

Befreie und heile das Kind in dir

Mein Vater und ich

Meine Mutter und ich

Nimm deinen Thron wieder ein

Morgenmeditationen von der Insel der Liebe, Lesbos

Negative Gefühle in Freude verwandeln

Robert Betz

Entscheide dich für deine Einzigartigkeit!

Robert Betz
Willst du normal sein
oder glücklich?
272 Seiten
ISBN: 978-3-453-70169-4

HEYNE ‹

Robert Betz
Willst du normal sein
oder glücklich?
Hörbuch, 5 CDs
ISBN: 978-3-94258111-0
Verlag Robert Betz

Über www.robert-betz.com
erhältlich

Robert Betz

Die Wahrheit über die Liebe, die uns glücklich macht

Robert Betz
Wahre Liebe lässt frei!
352 Seiten
ISBN 978-3-453-70252-3

HEYNE‹

Robert Betz
Wahre Liebe lässt frei!
Hörbuch, 8 CDs
ISBN 978-3-940503-89-3
Verlag Robert Betz

Über www.robert-betz.com
erhältlich

Robert Betz

Das mitreißende Motivationsbuch für
Selbsterkenntnis und persönliches Wachstum

Robert Betz
Raus aus den alten Schuhen
272 Seiten
ISBN: 978-3-7787-9195-0

INTEGRAL

Robert Betz
Raus aus den alten Schuhen
Hörbuch, 6 CDs
ISBN: 978-3-9405-0388-6
Verlag Robert Betz

Über www.robert-betz.com
erhältlich

Robert Betz

Neue Impulse,
um wirklich als Mann zu leben

Robert Betz
So wird der Mann ein Mann!
288 Seiten
ISBN: 978-3-7787-9218-6

Robert Betz
So wird der Mann ein Mann!
Hörbuch, 7 CDs
ISBN: 978-3-9425-8101-1
Verlag Robert Betz

Über www.robert-betz.com
erhältlich

INTEGRAL

Veranstaltungen mit Robert Betz und seinem Team

Live-Vorträge
in Deutschland, Österreich und der Schweiz (ca. 75 pro Jahr)

Tagesseminare am Sonntag
Ca. 25 pro Jahr zu verschiedenen Themen

Die Transformationswoche
6 Tage

Männer- und Frauen-Tage
Als Tagesseminar oder als Intensiv-Seminar über vier Tage

The Work nach Byron Katie – neu gestaltet durch Robert Betz
4 Tage

Dein Transformationsprozess®
5-monatige Seminarreihe für ein glückliches und erfolgreiches Leben. Das Seminar umfasst 23 Seminartage und startet mit 1 Woche auf Lesbos.

Ausbildung in Transformations-Therapie nach Robert Betz®
Die Ausbildung dauert 5 Monate, beginnt im Oktober und endet im Mai. Die erste Woche und die beiden letzten Wochen finden auf der Insel Lesbos statt.

Ausbildung in Transformations-Coaching nach
Robert Betz®
Die Ausbildung dauert 5 Monate.

Urlaub & Seminar auf Lesbos
Auf der Insel Lesbos finden zwischen Mai und Oktober
ca. 40 verschiedene Seminare statt, die von Robert Betz
und seinem Team organisiert werden.

Zu allen Vorträgen, Seminaren, Ausbildungen und
zu den Publikationen von Robert Betz finden Sie
ausführliche Informationen auf seiner Website unter
www.robert-betz.com

Wenn Sie regelmäßig per E-Mail informiert werden
möchten, tragen Sie sich bitte auf der Website ein,
oder fordern Sie den Katalog an, der zweimal
pro Jahr verschickt wird.